法律专家为民说法系列丛书

法律专家
教您如何打保险纠纷官司

牛　丽　编著

吉林文史出版社

图书在版编目(CIP)数据

法律专家教您如何打保险纠纷官司 / 牛丽编著. —
长春：吉林文史出版社
（法律专家为民说法系列丛书 / 张宏伟，吴晓明主
编）
ISBN 978-7-5472-2738-1

Ⅰ. ①法… Ⅱ. ①牛… Ⅲ. ①保险－经济纠纷－案例
－中国 Ⅳ. ①D922.284.5

中国版本图书馆 CIP 数据核字(2015)第 043907 号

法律专家教您如何打保险纠纷官司

编　著	牛　丽
责任编辑	李相梅
责任校对	宋茜茜
丛书主编	张宏伟　吴晓明
封面设计	清　风
美术编辑	李丽薇
出版发行	吉林文史出版社(长春市人民大街4646号)
	全国新华书店经销
印　刷	三河市祥宏印务有限公司
开　本	720mm×1000mm　1/16
印　张	12
字　数	100 千字
标准书号	ISBN 978-7-5472-2738-1
版　次	2015 年 7 月第 1 版
印　次	2018 年 6 月第 3 次
定　价	35.00 元

如发现印装质量问题，影响阅读，请与印刷厂联系调换。

法律专家为民说法系列丛书

编委会

主　编

张宏伟　　吴晓明

副主编

马宏霞　　孙志彤

编　委

迟　哲	赵　溪	刘　放	郝　义
迟海英	万　菲	秦小佳	王　伟
于秀生	李丽薇	张　萌	胡金明
金　昊	宋英梅	张海洋	韩　丹
刘思研	邢海霞	徐　欣	侯婧文
胡　楠	李春兰	李俊焘	刘　岩
刘　洋	高金凤	蒋琳琳	边德明

PREFACE

【前言】

　　自然界中各种灾害和意外事故造成的风险时刻存在，许多家庭和单位可能因为无法抵御这些灾害和风险造成的损失而导致生活、生产困难，甚至家破人亡、破产倒闭。要想分散或补偿灾害和意外事故造成的损失，选择参加保险不失为一种很好的方法。

　　保险作为一种社会经济制度，它以概率论为技术条件进行合理计算，通过投保人交纳保险金，集合多数单位共同建立保险基金，在特定风险发生时，以全体投保人来分担损失的形式，对被保险人的财产损失或人身伤亡给予经济补偿或给付保险金，以弥补个人、家庭或单位能力和资金不足的缺陷，将个别单位或个人难以承受的风险损失，分散变成多数人能够承担的风险损失，也将事故对个人、家庭或单位造成的损失降到最低限度，确保了人类社会生活的安定。

　　保险作为一项法律制度，因经营项目不同分为商业保险和社会保险。其中商业保险又称合同保险或自愿保险。它以营利为目的，是保险公司依法从事的一种商业行为，也是我国现代经济生活中运用最广泛、最普遍的保险形式。《中华人民共和国保险法》是调整商业保险行为的具体法律规范。其中规定了保险就是投保人根据合同约定,向保险人支付保险费,保险人对于合同约定的可能发生的事故因其发生所造成的财产损失承担赔偿保险金责任,或者当被保险人死亡、伤残、疾病或者达到合同约定的年龄、期限时承担给付保险金责任的商业保险行为。

商业保险具有以下法律特征:

一、商业保险是一种因当事人相互意思表示一致而产生的合同行为,表现为根据法律规定或当事人双方约定,一方承担支付保险费的义务,换取请求另一方对其因意外事故或特定事件的出现所导致的损失负责补偿或给付的权利的法律关系。

二、商业保险关系的确立,是投保人与保险人在公平互利、协商一致的基础上通过自愿订立保险合同来实现的,保险人同投保人、被保险人及受益人之间的权利义务关系,由保险合同来体现。

三、商业保险是一种商业行为,经营商业保险业务,如保险费率的确定,保险资金的运用等,都是以营利为目的,独立核算、自主经营、自负盈亏。

四、商业保险都由专业的保险公司经营,保险的保障范围由投保人、被保险人与保险公司协商确定,不同的保险合同项下有不同的险种,被保险人所受的保障范围和水平是不同的。如人身保险中的投保人可以同时向几个保险人投保,以获得更高的保障。

商业保险是一项专业性较强的法律行为。其中如何选择保险险种、投保以及索赔、理赔等均需要当事人了解和掌握一定的保险专业知识和相关的法律规定。特别是当发生保险纠纷时,更需要纠纷双方当事人能够通过合法、有效的途径及方法及时解决纠纷,化解矛盾,以避免和减少各种不必要的损失。现实生活中,很多人虽然购买过保险但却仍然缺乏保险知识,涉及保险纠纷案件时往往更是一筹莫展。为了帮助广大读者解决现实问题,满足他们的实际需要,本书以读者最关心的一些商业保险问题为题,选择各种典型以及通俗易懂的案例,以《中华人民共和国保险法》及相关法律为依据,向广大读者详细地解读分析商业保险的法律内容和相关规定,并结合案件具体情况,有针对性地提出解决各种商业保险问题和纠纷的法律方法及程序步骤,以期成为指导和引领当事人解决商业保险纠纷的有效工具。

目录

CONTENTS

1.什么是保险？为什么要办理保险？

案例：

王某高中毕业后从农村来到城里打工，与某建筑公司签订了劳动合同。不久，王某得知工友李某因伤残得到了保险赔偿，黄某也因孩子受到意外伤害获得了保险赔偿金。王某虽然听说过"保险"，但对保险是怎样的制度却了解不多，也不清楚自己是否也应当办理相关的保险。问：什么是保险？为什么要办理保险？

专家解析：

广义的保险作为一种社会经济制度，是指以概率论为技术条件，进行合理计算，集合多数单位共同建立保险基金，用来在发生自然灾害和意外事故时，对被保险人的财产损失或人身伤亡给予经济补偿或给付保险金的一项制度。这种保险旨在分散危险、消化损失，通过对个体的意外灾害事故进行补偿，将个体所产生的意外灾害损失通过保险分散给社会大众，使危险在无形中消化，确保社会生活安定。保险同时也是一种法律制度，体现为一种法律关系，通常是保险人与被保险人之间转嫁风险的一种协议。《中华人民共和国保险法》(以下简称《保险法》)第2条规定："本法所称保险，是指投保人根据合同约定，向保险人支付保险费，保险人对于合同约定的可能发生的事故因其发生所造成的财产损失承担赔偿保险金责任，或者当被保险人死亡、伤残、疾病或者达到合同约定的年龄、期限时承担给付保险金责任的商业保险行为。"从法律角度看，保险是一种因当事人相互意思表示一致而产生的合同行为，表现为根据法律规定或当事人双方约定，一方承担支付保险费的义务，换取请求另一方对其因意外事故或特定事件的出现所导致的损失负责补偿或给付的权利的法律关系。

办理保险主要应当从保险发挥的作用和功能方面考虑。保险的作用主要是通过投保人交纳保险金，以全体投保人来分担损失的形式，对个别投保人在遭受损失后给予经济补偿，以弥补个人、家庭或单位能力和资金不足的缺陷，将事故对个人、家庭或单位造成的损失降到最低限度。保险还能发挥以下两个主要功能：一是分摊风险损失。保险是通过缴纳保险费建立保险基金，并有效地运作基金来实现对遭受风险损失的被保险人或受益人提供经济保障。它将在一定时期内可能发生的风险损失的总额，在有共同风险的投保人之间平均化，由所有的投保人平均分担，从而将个别单位或个人难以承受的风险损失，变成多数人能够承担的风险损失，即将保险损失均摊给了所有的投保人。二是补偿风险损失。保险是为了满足社会补偿风险损失的需要而产生的，对遭受风险损失的单位和个人进行经济补偿是保险的目的。通过保险基金的不断积累，保险赔偿和给付就有了基本的条件。保险基金的基本用途就是根据投保人和保险人的约定，在特定风险发生后，对被保险人所遭受的风险损失进行经济补偿。

专家支招：

自然界中，各种灾害和意外事故造成的风险时刻存在，许多家庭和单位可能因为无法抵御这些灾害和风险造成的损失而导致生活、生产困难，甚至家破人亡、破产倒闭。实践中，人们办理保险主要是看中了保险的分摊风险损失和补偿风险损失的作用和功能。因此，王某在工作和生活中，如果有分散或补偿灾害和意外事故造成的损失的需求，就可以通过办理相应的保险来实现这样的目的。

2.保险和储蓄、救济相同吗？

案例：

某保险公司在保险宣传日开展普及保险知识活动，向街头群众发放调查问卷，了解群众对保险知识的了解情况。收回的调查问卷中反映出以下内容:钱某认为保险与储蓄是一回事,有了银行储蓄就没有必要办保险了;杨某认为保险是一种包赔,如同救济,只要办了保险,无论受到什么损害,都可以找保险公司索赔;刘某则认为保险是"一本万利"的生意,利用它可以赌一把,发大财。这些对保险的认识和理解是否正确?有了储蓄和救济保障,是否还需要办理保险?

专家解析:

保险是对因自然事件或意外事故风险造成的损失予以经济补偿的制度,与储蓄、救济、赌博有相同或相似之处,但又有很大不同。

(1)保险和储蓄。保险和储蓄都是合同法律关系,都可用来补救因衰老、死亡或意外事故带来的经济负担。但两者也有许多不同:首先,储蓄可以单独、个别地进行,是自助行为;保险则必须依靠多数单位的互助共济才能实现,是互助行为。其次,储蓄金额可以由当事人任意处分,随时存取;保险则须在合同规定的事件发生或期限届满时,保险人才按合同规定支付保险金。第三,存款人储蓄可以获得确定的本金和利息;保险人则可能获得不确定的保险金。第四,储蓄可以满足各种需要,不限于补偿意外事故的损失,一般用于事件的发生可以预测并且后果可以计算时;保险则只针对意外事故发生所导致的损失,可以应付个别单位难以预测的意外事故,用较少的支出取得经济上较大的保障。

(2)保险与救济。保险与救济同是人类为抗御意外灾害事故所致损失而实行补偿的一种办法,现代保险制度出现之前,对因偶然事件造成的损失,主要是通过救济方式来解决的。但保险是一种合同行为,合同双方当事人的权利义务是对等的,投保人按照保险合同的约定履行缴付保险费的义务,因而享有在遭受保险事故造成的损失时,获得赔偿或者给付保险金的权利;而救济是单方面的施舍行为,不为法律关系所调整,救济对象及救济金额一般由救济方自行确定。

(3)保险与赌博。保险与赌博的相似点在于它们都是侥幸行为,但两者的区别是显而易见的:首先,保险起损害赔偿作用,被保险人不能因投保而获得额外利益;赌博则利用人们贪图额外利益的心理,牟取暴利。其次,保险的社会目的是变不定因素为稳定因素,使被保险人在遭受不幸事件或一定期限届满时得到补偿;而赌博无论输赢,必然损害他人或自身利益,助长不劳而获的心理,不利于社会安定。第三,保险是合法的;赌博则是违法的。

专家支招:

由于保险与储蓄和救济的性质不同, 保险的最大特点是在遇到意外风险时,通过全体投保人来分担损失的形式,使投保人获得经济补偿。因此,为了弥补个人、家庭或单位能力和资金的不足,将事故对个人、家庭或单位造成的损失降到最低限度,人们在有储蓄和其他救济保障的同时,办理保险也不失为一种比较好的选择。

3.保险有哪些种类?

案例:

张某购买了一辆私家车, 按照有关规定在保险公司购买了第三者责任险。一日,张某驾车外出时,由于操作不当,急刹车致头部磕碎挡风玻璃。张某头部受伤,并因此花掉医药费三千余元。遭受损失后,张某向保险公司提出索赔,遭到保险公司拒绝。问:保险公司是否可以拒绝赔偿?

专家解析:

本案的关键在于保险的种类问题。现代保险业务种类繁多,不胜枚举,很难用一个标准把它们严格区分开来。根据不同的标准,可对保险作不同的分类。

根据经营目的不同,保险可分为商业保险和社会保险。商业保险以营利为目的,是保险公司依法从事的一种商业行为。我国的保险法就是调整商业保险行为的法律规范。社会保险不以营利为目的,是国家专门机关提供的,目的在于保障社会成员生活福利的各种物质帮助措施。

根据标的不同,保险可分为财产保险与人身保险。财产保险是以物质财产及其有关的利益、责任或信用为保险标的的一种保险,分为广义和狭义两种。狭义的财产保险,其标的仅限于有形的物质财产,又称"对物保险"或"损害保险"。现代的财产保险属于广义的,既包括狭义的财产保险,又包括对与财产有关的各种无形利益,如责任、信用、预期利益等无形财产的保险。人身保险是以人的生命或身体作为保险标的的一种保险,主要包括人寿保险、意外伤害保险和疾病保险。政府强制实施的社会保险虽然也是以人的身体或寿命作为保险标的的,属于人身保险,在这一点上与商业保险没有不同,但由于它是一种强制的、小范围的、专门为具有劳动能力的劳动者兴办的人身保险,因此在实施方式、兴办目的等方面与商业的人身保险有很大的不同。

根据实施形式不同,保险可分为自愿保险与强制保险。自愿保险又称约定保险,是指投保人和保险人在遵循公平互利、协商一致的原则基础上自愿订立的保险合同。自愿保险是保险最主要的实施形式。强制保险又称法定保险,是按照法律、行政法规规定而实施的保险。这种保险对保险人、被保险人、保险标的、保险金额及合同双方的权利义务都作了具体规定,被保险人和保险人都没有选择的余地,必须无条件地遵从。

根据保险人承担责任的次序不同,保险可分为原保险与再保险。原保险是指保险人对被保险人因保险事故所致的损害,承担直接的原始的赔偿责任的保险,也叫第一次保险。再保险是指保险企业将其所承担的保险责任的一部分或者全部分散给其他保险企业承担的保险。再保险以原保险即第一次保险的存在为前提,所以也叫第二次保险。

根据保险人数量不同,保险可分为单保险、共同保险及复保险。单保险是指投保人以一个保险利益、一种保险事故,向一个保险人订立一份保险合同。共同保险是指两个或两个以上保险人对同一笔保险业务各自承保一定的份额,或者保险单规定要求被保险人分担同一个危险中的一定份额。共同保险是保险人分担危险的一种方式。复保险也叫重复保险,是指投保人对于同一保险利益、同一保险事故,向数个保险人分别订立数个合同的保险。

投保人在购买保险时,首先应当对保险的分类有所了解,这样才能做到有的放矢,恰当地维护自己的利益。本案中的张某购买的是第三者责任险,目的在于转移被保险人对于第三者所应当承担的责任,而不包括被保险人的人身或者财产损失,所以,保险公司完全有理由拒绝赔偿张某的人身损失。

专家支招:

在本案的情况下,张某如果想获得保险公司的赔偿需要两种情况:一是张某购买了人身险,那么可以依据人身保险合同请求保险公司赔偿;二是张某如果是驾车时被他人撞伤的,也可以获得保险公司赔偿。

4.商业保险能否替代社会保险?

案例:

张某被某广告公司聘用为财务主管,月薪 1 万元人民币。双方订立了劳动合同后,公司为张某办理了两项商业保险。张某要求公司为自己办理社会保险时,公司称由于支付张某的月薪较高,又为其办理了商业保险,就不再承担社会保险费用了。张某提出异议,但公司坚持自己的做法。该广告公司能够以商业保险来替代社会保险吗?

专家解析:

商业保险是现代经济生活中运用最广泛、最普遍的保险形式。目前在我国,保险活动的主要形式就是商业保险。商业保险是《保险法》中所称的保险,又称合同保险或自愿保险,是专业的保险公司以营利为目的,依法从事的一种商业行为,经营商业保险业务,如保险费率的确定,保险资金的运用等,都是以营利为目的。商业保险的保障范围由投保人、被保险人与保险公司协商确定,不同的保险合同项下有不同的险种,被保险人所受的保障范围和水平是不同的。商业保险中的人身保险,投保人可以同时向几个保险人投保,以获得更高的保障。社会保险是由国家通过法律、法规强制实施的,以保障社会成员的基本生活需要为目的而建立的一种社会保障制度。社会保险不以营利为目的,属于社会保障,通常由政府机构办理,其目的在于保障社会成员生活福利的各种物质帮助,一般基于国家的社会政策或经济政策的需要而举办,以国家财政支持为后盾,是为实施国家政策服务的手段。社会保险的保障范围一般由国家事先规定,风险保障范围比较窄,保障的水平也比较低。社会保险则不可以重复投保。

商业保险与社会保险最大的不同是商业保险是自愿保险,而社会保险是强制保险。自愿保险是投保人和保险人在遵循公平互利、协商一致的原则基础上自愿订立的保险合同。强制保险又称法定保险,是按照法律、行政法规规定而实施的保险。凡是符合法定条件的,都是社会保险保障的对象。强制保险对保险人、被保险人、保险标的、保险金额及合同双方的权利义务都作了具体规定,被保险人和保险人都没有选择的余地,必须无条件地遵从。我国劳动法规定,用人单位与劳动者必须依法参加社会保险,交纳社会保险费。这体现了社会保险的强制性要求。因此,本案中的广告公司必须履行社会保险义务,为张某办理社会保险,不得以商业保险来代替社会保险。

专家支招:

广告公司以办理商业保险来免除参加社会保险义务的行为属于违法行为,其有关支付了高额工资以及已经办理了商业保险等说法,都不能成为其不履行社会保险义务的理由。因此,张某应当要求广告公司为其办理社会保险，包括老年保险、生育保险、疾病保险、工伤保险、医疗保险、失业保险等。

5.乡政府是否能经营保险业务？

案例：

向阳乡是连续多年产值超亿元乡，农户多从事水产养殖和水产加工。2013年7月，该乡政府决定，为加强农户抵御自然灾害和分担风险的能力，每个加工户和养殖户均须向乡政府交纳一定的保险费用，由乡政府向它们提供统一的财产保险。乡政府还公布了近年来乡产值的详细情况，以示承担保险责任的能力。养殖户张某拒绝不愿参加这样的保险，拒绝交纳保险费，并向有关部门状告乡政府。问：乡政府是否能经营保险业务？如果不能应当怎样处理？

专家解析：

经营商业保险业务，就是以商业的原则筹集和运用保险基金，保险人承保风险，收取保险费，建立保险基金，并使用保险基金履行赔付责任，对于作为后备的保险资金，合理加以运用，使保险基金能够增值，增强保险人的偿付能力。因此，经营商业保险业务，专业化程度高，需要有雄厚的资本、精通保险专业知识的经营人才、严密的企业组织形式和严格的管理制度等。不具备这些条件，就很难担负起分散风险、补偿损失的责任。因此，《保险法》第6条规定："保险业务由依照本法设立的保险公司以及法律、行政法规规定的其他保险组织经营，其他单位和个人不得经营保险业务。"这一规定表明，商业保险的经营者只能是依法设立的保险公司以及法律、行政法规规定的其他保险组织，其他任何单位和个人均不得经营保险业务。保险法将商业保险的经营主体限定为依法设立的保险公司和法律、行政法规规定的其他保险组织,是为了切实发挥保险保障的作用,为了保护投保人、被保险人的合法权益,维护保险市场的秩序。可见,我国保险业实行专业经营,除了依法设立的保险公司和法律法规规定的其他保险组织外,其他任何组织和个人,包括本案中的乡政府,因不具备经营商业保险业务的主体资格,都不得经营保险业务。

专家支招:

乡政府办理保险业务的行为违反保险法规定,张某有权拒绝参加这种所谓的保险,并应当向有关部门反映情况。根据《保险法》第159条规定,对于违反保险法规定,擅自设立保险公司、保险资产管理公司或者非法经营商业保险业务的,应当给予相应的处罚。本案中的乡政府,非法经营商业保险业务,可以由保险监督管理机构对其所谓的财产保险业务予以取缔,有违法所得的,没收违法所得,并处违法所得1倍以上5倍以下的罚款;没有违法所得或者违法所得不足20万元的,处20万元以上100万元以下的罚款。

6.保险人应当符合哪些条件?

案例:

赵某在某保险公司办理了一份家庭财产保险,认为保险费率底,预期利益高,于是向同学祁某介绍办理。祁某则认为该保险公司不是财产保险的合格保险人,要赵某退掉保险。赵某不解,该保险公司是依法成立的保险公司,具有经营保险业务的资格,怎么能不符合保险人条件呢?怎样判断保险经营者是否为合格的保险人?

专家解析:

保险人又称承保人,是指与投保人订立保险合同,并按照合同约定承担赔偿或者给付保险金责任的保险公司。符合下列条件的可以成为保险人：第一，是依法设立的经营保险业务的公司。《保险法》第6条规定："保险业务由依照本法设立的保险公司以及法律、行政法规规定的其他保险组织经营，其他单位和个人不得经营保险业务。"可见，只有依照法定条件和程序设立的保险公司，才能成为保险人。第二，具有法人资格。《保险法》第94条规定："保险公司，除本法另有规定外，适用《中华人民共和国公司法》的规定。"这表明保险公司应当具有法人资格，并符合依法成立，有必要的财产或者经费，有自己的名称、组织机构和场所，能够独立承担民事责任等法人成立的条件，能够依法独立享有民事权利和承担民事义务。只有这样，才能保障保险人正常经营，保障保险合同相对人的利益，保障社会的安定和利益。第三，具有经营保险业务的资格。我国保险业实行分业经营原则，根据《保险法》第95条规定，保险公司必须具有从事财产保险业务或人身保险业务的资格，但一般情况下不能同时经营两种保险业务，只有经国务院保险监督管理机构批准后，经营财产保险业务的保险公司才可以经营短期健康保险业务和意外伤害保险业务。第四，具有与其业务规模相适应的最低偿付能力。

专家支招：

本案中，赵某要判定承办财产保险业务的保险公司是否具有保险人资格，首先应当看该保险公司是否同时具备上述保险人应当具备的条件，即是否为依法设立的具有法人资格的经营保险业务的保险公司以及是否具有一定的偿付能力。此外，还要看该保险公司是否具有经营财产保险业务的资格。因为一些依法设立的保险公司，依据保险法的规定只能经营人身保险业务，而不能同时经营财产保险业务，如果经营财产保险业务，则属于超越经营范围。根据《保险法》第161条规定，保险公司超出批准的业务范围经营的，由保险监督管理机构责令限期改正，没收违法所得，并处违法所得1倍以上5倍以下的罚款；没有违法所得或者违法所得不足10万元的，处10万元以上50万元以下的罚款。逾期不改正或者造成严重后果的,责令停业整顿或者吊销业务许可证。

7.投保人应符合哪些条件？未成年人是否能作投保人？

案例：

姚某,15岁,某市重点中学学生,在该市中学生数学竞赛中取得了第一名的好成绩。姚某的父亲非常高兴,购买一辆汽车作为奖励送给姚某。姚某为自己的汽车办理保险时,保险公司拒绝与其签订保险合同,理由是姚某为未成年人,不符合投保人条件。问:投保人应当具备哪些条件？未成年人是否能作投保人？

专家解析：

投保人又称要保人、保单持有人,是指与保险人订立保险合同,并按照合同约定负有支付保险费义务的人。自然人、法人、本国人、外国人都可以作投保人。根据保险法规定,投保人应当符合以下条件:第一,投保人必须具有相应的权利能力和行为能力。作为民事法律行为之一的保险合同,其主体之一的投保人必须具有法律要求的相应的权利能力和行为能力。我国民法通则中关于自然人和法人的民事权利能力和民事行为能力的规定,也适用于保险合同。因此,投保人不但要具有依法享有民事权利和承担民事义务的资格,还要具有独立进行民事活动的能力或者资格,无权利能力的法人和无行为能力或限制行为能力的自然人与保险人缔结的保险合同无效。第二,投保人必须对保险标的具有保险利益。保险利益是指投保人对保险标的具有的法律上承认的利益。即投保人对保险标的的存在或丧失有利害关系。保险利益的载体是保险标的。在人身保险中只要保险合同订立时有保险利益,保险合同就有效,保险公司就应承担保险责任。在财产保险中,只要被保险人在保险事故发生时对保险标的具有保险利益,保险公司就应承担保险责任,不因投保时被保险人对保险标的不具有保险利益而免除保险人的赔付责任。第三,投保人必须承担保险费用。投保人不论是为自己的利益缔结保险合同,还是为第三人的利益缔结保险合同,均承担支付保险费的义务。投保人正是因为承担了支付保险费的义务才成为保险合同的当事人。

由于保险法要求投保人必须具有相应的权利能力和行为能力,所以投保人的年龄就要受到一定的限制。未成年人是指年龄未满18周岁的人。18周岁以上的公民是成年人,具有完全的行为能力,可以独立进行民事活动,是完全行为能力人,可以作为投保人;16周岁以上不满18周岁的公民,虽然是未成年人,但如果以自己的劳动收入为主要生活来源的,视为完全行为能力人,也可以作为投保人。16周岁以下的未成年人为限制行为能力人或无行为能力人,不能单独订立保险合同。

专家支招:

姚某由于是只有15岁的未成年人,属于限制行为能力人,不能独立为民事行为,因此不具有单独与保险公司签订保险合同的权利。如果需要订立保险合同时,按照民法通则的有关规定,应当由姚某的法定代理人即姚某的父亲代为进行,或者由姚某在征得父亲同意的情况下进行。此外,其他不具有行为能力人,如不能辨别自己行为的精神病人订立保险合同的,无论其年龄是否已满18周岁,均应由其法定代理人代为进行。

8.如何指定受益人?

案例:

某化工厂以投保人身份为其职工李某等9人办理人身保险。签订保险合同时,化工厂未经李某等人同意,将李某等人和该化工厂指定为共同受益人。李某等人提出异议,认为化工厂不得为保险受益人,否则将损害李某等人的合法权益。该化工厂认为自己是投保人,有权指定受益人。问:保险受益人应当如何指定?

专家解析:

受益人也称保险金领受人。《保险法》第18条第3款规定:"受益人是指人身保险合同中由被保险人或者投保人指定的享有保险金请求权的人,投保人、被保险人可以为受益人。"受益人的资格一般不受任何限制,只要是具有民事权利能力的人,都可以成为受益人。因此,受益人可以是自然人,也可以是法人,胎儿也可以成为受益人,但先于或同于被保险人死亡的人,不得再为受益人。通常情况下,人身保险合同中都有受益人,特别是以死亡为给付保险金条件的保险合同中,要求必须有受益人。在人身保险合同中,受益人具有非常重要的地位。《保险法》第39条规定:"人身保险的受益人由被保险人或者投保人指定。投保人指定受益人时须经被保险人同意。投保人为与其有劳动关系的劳动者投保人身保险,不得指定被保险人及其近亲属以外的人为受益人。被保险人为无民事行为能力人或者限制民事行为能力人的,可以由其监护人指定受益人。"这一规定表明,受益人可以由被保险人指定,也可以由投保人指定,或者由被保险人和投保人共同指定。被保险人由于是对保险标的享有保险金请求权的人,当然也可以将自己的权利指定他人行使。指定何人为受益人,由被保险人根据自己的意愿自由决定。由于指定受益人关系到被保险人的经济利益和人身安全,所以投保人指定受益人应当经被保险人同意。投保人为自己投保的,投保人与被保险人就是一个人,在这种情况下,投保人指定受益人就是被保险人指定受益人。如果被保险人是无民事行为能力或限制民事行为能力的人,无法行使指定受益人的权利,则可以由其监护人指定受益人。是否指定受益人、指定谁为受益人等,都由被保险人或投保人决定。受益人如未被指定的,被保险人的法定继承人即为受益人,保险金作为被保险人的遗产处理。为保护劳动者的利益,避免用人单位利用与劳动者的不对等关系,保险法进一步规定,投保人为与其有劳动关系的劳动者投保人身保险的,不得指定被保险人及其近亲属以外的人为受益人,更不得把受益人写为对劳动者没有保险利益的人,如用人单位本身,而使保单对劳动者没有利益,不利于对劳动者合法权益的保护。因此,本案中的化工厂虽然有权指定受益人,但未经李某等被保险人同意,不得指定被保险人及其近亲属以外的人为受益人,更不得将化工厂指定为受益人,这样有损劳动者的合法权益。

专家支招:

李某等人可以根据保险法的有关规定,要求化工厂指定李某等被保险人及其近亲属为受益人。根据《保险法》第 40 条规定,被保险人或者投保人可以指定一人或者数人为受益人。受益人为数人的,被保险人或者投保人可以确定受益顺序和受益份额;未确定受益份额的,受益人按照相等份额享有受益权。这表明,只要不违反法律和社会公共利益,被保险人或者投保人可以自由行使权力,除可以指定受益人外,还可以根据自己的意愿确定受益人数、受益顺序和受益份额等。

9.受益人是否可以变更?

案例:

2010 年 11 月,李女士在某保险公司为自己购买了份额为 20 万元的人身保险,指定身后受益人为自己的丈夫贺某。2012 年 3 月,李某与贺某因感情破裂离婚。李某将受益人变更为自己的母亲。问:李某能否变更受益人? 怎样变更受益人?

专家解析:

受益人是人身保险合同中由被保险人或者投保人指定的享有保险金请求权的人。投保人、被保险人可以为受益人。根据《保险法》第 41

条规定,被保险人或者投保人可以变更受益人。保险合同生效后,被保险人或投保人可以中途变更受益人或撤销受益人的受益权,包括以新的受益人取代保险合同中原来的受益人、增加或减少受益人的数目,改变受益份额与顺序等内容。投保人变更受益人的,须经被保险人同意。本案中,李女士既是投保人,也是被保险人,因此有权变更受益人。

专家支招:

根据《保险法》第41条规定,李某作为被保险人、投保人变更受益人,并应当书面通知保险公司。保险公司收到变更受益人的书面通知后,应当在保险单或者其他保险凭证上批注或者附贴批单。如果李某变更受益人未书面通知保险公司,保险公司善意地向原受益人贺某进行保险给付后,就不再承担向后一受益人即李某的母亲进行保险给付的义务。需要注意的是,受益人只能由被保险人或投保人变更,受益人自己不能自行决定将受益权转让他人。被保险人、投保人先于受益人死亡的,其他人不能对受益人再作变更。

10.什么情况下受益人丧失受益权?

案例:

吴某(男)与黄某(女)经人介绍结婚,并育有一子。吴某和黄某二人互相以对方为被保险人,各自分别办理了三份意外伤害和死亡保险。婚后第三年,吴某和黄某出现感情危机,吴某经常对黄某施以家庭暴力,黄某也经常离家出走。一日,黄某因吴某施暴再次离家。吴某多次联系黄某承认错误,要黄某返家。黄某执意不从,提出离婚,并约吴某出来面谈。两人见面后,吴某强行拉扯黄某回家,双方发生厮打,黄某掉入河中溺亡。之后,吴某请求保险公司给付死亡保险金。保险公司认为吴某丧失受益权,拒付保险金。问:什么情况下受益人丧失受益权?

专家解析：

受益人是由人身保险的被保险人或投保人指定的，在保险事故发生时享有保险金领取资格的人，又称保险金领取人。受益人的权利就是受益权，也就是根据保险合同领取保险金的权利。受益人不承担交纳保险费的义务，而只享受由保险合同产生的利益，其权利的取得是原始取得，因而其领取的保险金不得作为被保险人的遗产，也不在被保险人债务的执行范围内。受益人常见于死亡保险合同中，在被保险人生存期间，受益人不能向保险人索取保险金，只有在被保险人死亡时，才能行使赔付请求权。为了避免因巨额利益而导致道德风险和违法行为的发生，保险法对受益人的受益权加以必要的限制，对此《保险法》第43条规定，受益人故意造成被保险人死亡、伤残、疾病的，或者故意杀害被保险人未遂的，丧失受益权。

专家支招：

本案中的吴某是否丧失受益权，要看黄某死亡与吴某是否有直接因果关系，如果黄某溺亡是吴某故意造成的，吴某不再享有受益权。可见，受益人是否会丧失受益权，关键在于受益人是否故意对被保险人实施了造成被保险人死亡、伤残、疾病的违法行为，如果存在故意，则受益权丧失；如果不存在故意，只是属于过失，则受益权不丧失。

11.投保人、被保险人、受益人之间是什么关系？

案例：

刘某为某私营木材厂老板。该厂近年来效益攀升，规模不断扩大。该厂新进一批生产设备后，刘某准备为这批设备投保财产险。由于刘某是单身，又没有亲属，所以想在这一保险关系中既作投保人，又作被保险人和受益人。问：投保人、被保险人、受益人之间是什么关系？本财产保险合同中应当怎样确定投保人、被保险人和受益人？

专家解析：

就保险合同讲，缔约双方为保险人和投保人，称为保险合同的当事人。合同是双方法律行为，任何合同都必须有缔约双方当事人，但保险合同与一般合同有不同之处，即一般合同多属当事人为自己的利益而订立，而保险合同既可以为自己的利益订立也可以为他人的利益订立，这就产生了保险合同的第三当事人，即被保险人、受益人。可见，投保人、被保险人、受益人都是保险合同的当事人。其中，投保人是与保险人订立保险合同并按照合同约定负有支付保险费义务的人。被保险人是其财产或者人身受保险合同保障，享有保险金请求权的人。被保险人应当具备以下要件：第一，被保险人是保险事故发生时利益遭受损失的人，或者在保险事件出现时需要保险保障的人。保险事故一旦发生，被保险人的利益必然遭受损失。财产保险合同所保障的对象是被保险人的财产，被保险人应当是受损财产的所有权人或者其他权利人。第二，被保险人是具有保险利益并具有保险请求权的人。被保险人对于保险标的享有法律上承认的利益，一旦因保险事故发生而遭受损害，就取得向保险人请求赔偿或给付保险金的权利。被保险人可以自行向保险人行使赔偿请求权。《保险法》第 12 条第 5 款规定："投保人可以为被保险人。"受益人是人身保险合同中由被保险人或者投保人指定的享有保险金请求权的人。投保人、被保险人都可以为受益人。

专家支招：

在本财产保险合同中，刘某是投保财产的所有人和经营管理人，是以自己的财产为保险标的，并为自己的利益而订立财产保险合同，因此，在合同订立时，刘某为投保人，合同成立后即成为被保险人。财产保险合同中一般不须指定受益人，如果要指定受益人的，被保险人一般即为受益人。可见，刘某在本财产保险合同中可以同时为投保人、被保险人、受益人。还需要进一步说明的是,人身保险合同中,投保人以自己的生命、身体为保险标的而订立保险合同的,投保人、被保险人、受益人也为同一人。当投保人为与自己有保险利益的他人的生命、身体或财产为标的,为他人的利益进行投保时,投保人本人就不是被保险人,也不是受益人;当投保人就自己的生命、身体或财产为他人的利益而投保的,投保人为被保险人,但不是受益人;当投保人就他人的生命、身体或财产为自己的利益而投保的,投保人为受益人,但不是被保险人。

12.保险代理人是否有权办理保险业务?

案例:

钱某的诊所在 A 地购买了一批医疗设备,委托当地某货运公司运往 B 地。为了预防不测,钱某欲办理货物运输保险。该货运公司主动提出为钱某的货物办理运输保险,称自己为合法的保险代理机构。问:保险代理人是否有权办理保险业务?保险代理人与保险人是什么关系?

专家解析:

保险代理人是根据保险人的委托,向保险人收取佣金,并在保险人授权的范围内代为办理保险业务的机构或者个人。保险代理人包括专门从事保险代理业务的保险专业代理机构、兼营保险代理业务的保险兼业代理机构和保险代理人个人。我国实行保险代理人制度,保险代理人可以代理保险人办理保险业务,这样,既可以利用代理人的专业知识,代为保险人进行设计保险,弥补保险人某项险种知识的不足,提高保险业务量,有利于危险的分散,保持经营稳定,也可以利用保险代理人与客户的紧密联系,便于经常检查了解保险标的的安全状况和被保险人履行合同的情况,还可以减少保险人的各项营业费用,有利于降低保险业务成本。

　　保险代理人是保险人的委托代理人，与保险人之间的关系体现为：(1)保险代理人是保险人的代表，以保险人的名义从事保险活动。由于保险法律关系的主体是保险人和投保人，保险代理人是代表保险人从事保险业务活动，因此，必须以保险人的名义而不得以保险代理人自己的名义进行。(2)保险代理人必须在保险人委托授权的范围内从事保险业务。根据《保险法》第 126 条规定，保险人委托保险代理人代为办理保险业务，应当与保险代理人签订委托代理协议，依法约定双方的权利和义务。(3)保险代理人在委托授权范围内从事的保险业务活动，所产生的法律后果由保险人承担。根据《保险法》第 127 条规定，保险代理人根据保险人的授权代为办理保险业务的行为，由保险人承担责任。保险代理人没有代理权、超越代理权或者代理权终止后以保险人名义订立合同，使投保人有理由相信其有代理权的，该代理行为有效。保险人可以依法追究越权的保险代理人的责任。可见，只要保险代理人按照保险人的委托授权售出保险单，并收取保险费，保险单即发生法律效力，一旦发生保险事故，保险人就要承担赔偿或者给付保险金的责任。保险代理人超越授权范围从事保险业务活动的，如果保险单已经售出，当保险事故发生时，保险人仍然要对被保险人承担赔偿或者给付保险金的责任。保险人赔偿或者给付保险金后，可以向该保险代理人追偿。如果保险代理人与投保人恶意串通，损害保险人利益，属于保险欺诈的，应依法受到惩治。(4)保险代理人不得同时接受两个以上保险人的委托。根据《保险法》第 125 条规定，个人保险代理人在代为办理人寿保险业务时，不得同时接受两个以上保险人的委托，即一个保险代理人，不得同时为两家以上的保险公司推销人寿保险单。(5)保险代理人根据保险人的委托授权办理保险业务，可以向保险人收取佣金，保险人应当支付佣金。

专家支招：

　　本案中，钱某若购买货运公司的货物运输保险产品，首先应当审查该货运公司是否具有保险代理机构资格。保险代理机构应当具备国务院保险监督管理机构规定的条件,取得保险监督管理机构颁发的经营保险代理业务许可证。保险专业代理机构凭保险监督管理机构颁发的许可证向工商行政管理机关办理登记,领取营业执照;保险兼业代理机构凭保险监督管理机构颁发的许可证,向工商行政管理机关办理变更登记。其次要审查该货运公司的货物运输保险是否属于其应当从事的保险业务活动。

13.什么是保险经纪人?

案例:

谢某购置了一辆汽车,准备为该车购买保险。由于对保险了解不多,谢某不知如何选择保险人以及如何办理保险。这时谢某的儿子提供一条信息,其朋友是委托本地保险经纪人为自己车辆办理的保险,建议父亲委托当地某保险经纪公司办理。对此谢某有疑问:什么是保险经纪人? 怎样选择保险经纪人?

专家解析:

《保险法》第118条规定:"保险经纪人是基于投保人的利益,为投保人与保险人订立保险合同提供中介服务,并依法收取佣金的机构。"保险经纪人具有以下特点:第一,保险经纪人是投保人的代理人,其必须接受投保人的委托,基于投保人的利益,按照投保人的要求进行业务活动。第二,保险经纪人不是保险合同当事人,而仅是为促使投保人与保险人订立合同创造条件,撮合成交,提供中介服务,并不能代保险人订立保险合同。第三,保险经纪人只能以自己的名义从事中介服务活动,虽然在保险活动中代表的是投保人的利益,但并不以投保人的名义进行活动,但其有自行选择向哪家保险公司投保的权利。第四,保险经纪人从事的是有偿活动,有权向委托人收取佣金。其佣金主要有两种形式。一种是由保险人支付的,主要来自其所收保险费的提成。另一种是当投保人有必要委托经纪人向保险人请求赔付时,由投保人向经纪人支付相关报酬。第五,保险经纪人必须是依法成立的单位,个人不得从事保险经纪业务。保险经纪人由于地位特殊,责任重大,必须具备国务院保险监督管理机构规定的条件,取得保险监督管理机构颁发的保险经纪业务许可证,并向工商行政管理机关办理登记,领取营业执照后,方可营业。第六,保险经纪人承担其活动所产生的法律后果。投保人对保险经纪人的经纪活动并不承担责任。根据《保险法》第128条规定,保险经纪人因过错给投保人、被保险人造成损失的,依法承担赔偿责任。需要注意的是,保险经纪人只对因自己的过错所造成的损失依法承担责任,如果保险经纪人的行为是在投保人或者被保险人授权范围内进行的,由此产生的法律后果则由委托人承担。可见,保险经纪人就是从中搭桥、撮合、促进保险交易的一类人,作为投保人和保险人中间的"桥梁"、"纽带",是投保人与保险人之间的中间人。当保险经纪人接到投保人给予的指令,要求承保人告知一些情况时,保险经纪人作为投保人的代理人;当保险经纪人持有保单凭证时,此时他又作为保险人的代理人。通过保险经纪人的活动将二者联结起来,形成真正的保险业务。这种保险业务具体表现为保险经纪人与投保人保险经纪人与保险人的关系两个方面。

专家支招:

保险经纪人是代表投保人选择保险人、并与之签订合同的代理人。保险经纪人为投保人提供的服务主要有:向投保人介绍保险专业知识;为投保人介绍保险人的业务状况、资信背景等重要情况;代投保人向保险人商订保险合同,并争取最好的保险条件。在特殊情况下,保险经纪人可以在授权范围内签发某种保险单。本案中的谢某作为投保人需要投保时,应当找到技术力量雄厚,熟悉保险市场情况,有能力为客户争取到最好的保险条件,特别是必须要具有良好资信,有一定的保证资金的保险经纪人,向其提出投保要约,如实提供投保标的的相关资料。保险经纪人应当详细了解、研究投保标的,分析潜在风险,结合有关保险条款,按照最大诚信原则,诚实对待投保人和保险人,牢记委托人的委托指令,在最合理的保险费率下,利用其保险业务知识、技术和经验,为投保人进行最佳投保。

14.投保人、被保险人购买保险时是否应当对保险公司做必要的了解?

案例:

陶某经营的养殖场生意十分红火,不仅吸引了大批的商家客户,也常有保险业务员上门推销保险产品。陶某虽有购买保险的意愿,但由于对保险了解不多,不知道购买什么样的保险适合自己的企业,几次与保险业务人员商谈后,都没能签订保险合同。保险业务员劝说陶某时说:"签订保险合同很简单,只要签个名字就行。"而精明的陶某则认为,这不是简单的签个名的事情,购买保险前应当知己知彼,必须对保险人设立条件、经营范围等情况作详细的了解。问:购买保险时应当了解保险公司的哪些情况?

专家解析:

保险公司属于保险人之一,是依法定条件和程序设立的,以营利为目的的专门经营商业保险业务的企业法人。保险公司是公司的一种,以营利为目的,其设立和运行是为了获取经济利益,股东投资设立公司的目的在于通过公司的经营活动获取利润。

专家支招:

本案中陶某的想法是完全正确的。投保人、被保险人以及受益人应当对保险人的以下主要情况作必要的了解。

首先,保险公司设立是否符合法定条件。根据《保险法》第 68 条规定,设立保险公司必须符合以下条件:(1) 主要股东具有持续盈利能力,信誉良好,最近 3 年内无重大违法违规记录,净资产不低于人民币 2 亿元。(2)有符合本法和《中华人民共和国公司法》规定的章程。(3)有符合本法规定的注册资本;《保险法》第 69 条规定,设立保险公司,其注册资本的最低限额为人民币 2 亿元。国务院保险监督管理机构根据保险公司的业务范围、经营规模,可以调整其注册资本的最低限额,但不得低于人民币 2 亿元的限额。保险公司的注册资本必须为实缴货币资本。(4)有具备任职专业知识和业务工作经验的董事、监事和高级管理人员。(5)有健全的组织机构和管理制度。(6)有符合要求的营业场所和与经营业务有关的其他设施。(7)法律、行政法规和国务院保险监督管理机构规定的其他条件。

其次,保险公司的业务范围如何。根据《保险法》第 95 条、第 96 条规定,保险公司的业务范围有:(1)人身保险业务,包括人寿保险、健康保险、意外伤害保险等保险业务;(2)财产保险业务,包括财产损失保险、责任保险、信用保险、保证保险等保险业务;(3)国务院保险监督管理机构批准的与保险有关的其他业务。保险人不得兼营人身保险业务和财产保险业务。但是,经营财产保险业务的保险公司经国务院保险监督管理机构批准,可以经营短期健康保险业务和意外伤害保险业务。保险公司应当在国务院保险监督管理机构依法批准的业务范围内从事保险经营活动。根据《保险法》第 96 条规定,经国务院保险监督管理机构批准,保险公司可以经营《保险法》第 95 条规定的保险业务的分出保险和分入保险。

再次,保险公司资金的如何运用。根据《保险法》第 106 条规定,保险公司的资金运用必须稳健,遵循安全性原则。保险公司的资金运用限于下列形式:(1)银行存款;(2)买卖债券、股票、证券投资基金份额等有价证券;(3)投资不动产;(4)国务院规定的其他资金运用形式。关于保险公司的资金运用,由国务院保险监督管理机构依照保险法关于保险资金运用原则、资金运用形式等规定,制定具体管理办法,保险公司应当遵照执行。根据保险法规定,经国务院保险监督管理机构会同国务院证券监督管理机构批准, 保险公司可以设立保险资产管理公司。保险资产管理公司从事证券投资活动,应当遵守《中华人民共和国证券法》等法律、行政法规的规定。保险资产管理公司的管理办法,由国务院保险监督管理机构会同国务院有关部门制定。保险公司应当按照国务院保险监督管理机构的规定,建立对关联交易的管理和信息披露制度。限制保险公司关联交易的规定,可以防止保险公司将企业的资本来源、股本来源乃至保费收入,通过关联交易又转移和投资回大股东身上,具有非常重要的实际意义。

15.保险公司能解散或破产吗?

案例:

陈某的外贸公司因受金融危机的影响, 经营不到一年便宣告破产。陈某为此蒙受了不小的经济损失。之后,陈某改为经营水产品养殖,虽说辛苦但收入也很可观。保险代理人张某找到陈某,劝说陈某购买重大疾病医疗保险以及人身意外伤害保险。陈某拒绝,原因是经历过企业破产的陈某担心保险公司一旦倒闭解散,谁来偿付保险金,特别是人寿保险一般都要交纳长达 20 年以上的保费, 期间保险公司如果经营不善导致破产,自己的利益就会受到损失。问:陈某的担心必要吗? 保险公司能解散或破产吗?

专家解析:

保险公司是公司的一种,属于企业,具有的独立财产,自负盈亏,以由股东出资组成的法人财产为限承担民事责任。根据保险法规定,因分立、合并需要解散,或者股东会、股东大会决议解散,或者公司章程规定的解散事由出现,经国务院保险监督管理机构批准后,保险公司解散。保险公司在我国属于特殊的企业法人,除了具有公司的一般特征,遵循市场经济规律外,还区别于一般公司,必须执行特殊法律规定。如保险法规定,为了保障保险公司的经营和偿付,保险公司应当按照其注册资本总额的20%提取保证金,存入国务院保险监督管理机构指定的银行,除公司清算时用于清偿债务外,不得动用。保险公司还应当根据保障被保险人利益、保证偿付能力的原则,提取各项责任准备金。经营有人寿保险业务的保险公司,除因分立、合并或者被依法撤销外,不得解散。但经营有人寿保险业务的保险公司被依法撤销或者被依法宣告破产的,其持有的人寿保险合同及责任准备金,必须转让给其他经营有人寿保险业务的保险公司;不能同其他保险公司达成转让协议的,由国务院保险监督管理机构指定经营有人寿保险业务的保险公司接受转让。转让或者由国务院保险监督管理机构指定接受转让前款规定的人寿保险合同及责任准备金的,应当维护被保险人、受益人的合法权益。这表明,即使某一家保险公司因无法继续经营下去而破产或解散,国家也会指定其他保险公司继续承担责任,避免保户利益遭受损失。可见,陈某的担心是没有必要的。

专家支招:

由于人寿保险合同具有延续性,投保人在购买保险时应当仔细选择保险产品,也要认真选择保险公司,应当将实力雄厚、资信良好的保险公司作为首选,尽量避免遭受因保险公司破产或倒闭带来的利益风险。保险公司如果违反保险法规规定的经营规则,国务院保险监督管理机构有权责令其限期改正。未改正者可由保险监督管理机构对其进行停业整顿。如果保险公司偿付能力严重不足或者违反法律、损害社会公共利益,可能严重危及或已经危及保险公司的偿付能力的,国务院保险监督管理机构可以对该保险公司实行接管。

16.保险公司的偿付能力是否有保障？

案例：

2010 年 9 月,张某在某保险公司购买了 10 份人身险产品,保险期限为 3 年,保险金额超过百万。2011 年 1 月,张某来到保险公司要求退掉全部保险,理由是怀疑保险公司的偿付能力,如果风险一旦发生,担心保险公司无法按照保险合同的约定给付保险金。问:保险公司的偿付能力是否有保障？如果发现保险公司的偿付能力不足时,应当怎么办？

专家解析：

保险公司的偿付能力是指保险公司在承保后,如遇保险事故,其承担赔偿或者给付保险金的能力。决定和影响保险公司是否有偿付能力的因素有三个:一是保险公司对承保能力的限制。保险公司应当科学地经营保险业务,使自己承担的风险与自身的经济条件相一致,而不能盲目地、不计后果地承揽业务,这一点可以通过再保险来加以实现。二是赖以建立保险赔偿基金的损失概率的计算的准确性和可靠性。如果保险赔偿基金同实际支付的赔款偏差越大,保险公司的偿付能力就越不稳定。三是保险公司偿付准备金的数额。每个年度中,保险公司的保险费收入并不都能足以支付保险赔偿,超过正常年景的损失和巨额损失的发生也经常存在,因此,保险公司必须从利润中不断提存准备金,扩大偿付能力,以保证特大灾害时有足够的偿付能力。为保护被保险人的利益,保险法对保险公司的最低偿付能力作了以下限制性的规定:(1) 保险公司应当具有与其业务规模和风险程度相适应的最低偿付能力。保险公司的认可资产减去认可负债的差额不得低于国务院保险监督管理机构规定的数额;低于规定数额的,应当按照国务院保险监督管理机构的要求采取相应措施达到规定的数额。最低偿付能力是保持保险公司正常经营的基本界限,低于这个界限时,保险公司必须及时采取补救措施,增加资本金,补足差额,否则将难以保证对被保险人承担赔偿或者给付责任,就应当缩小经营规模,严重的还应当停止经营。(2)经营财产保险业务的保险公司当年自留保险费,不得超过其实有资本金加公积金总和的 4 倍。(3)保险公司对每一危险单位,即对一次保险事故可能造成的最大损失范围所承担的责任,不得超过其实有资本金加公积金总和的 10%;超过的部分应当办理再保险。保险公司对危险单位的划分应当符合国务院保险监督管理机构的规定。保险公司对危险单位的划分方法和巨灾风险安排方案,应当报国务院保险监督管理机构备案。保险公司应当按照国务院保险监督管理机构的规定办理再保险,并审慎选择再保险接受人。可见,保险公司的偿付能力是有保障的。

专家支招:

保险公司的偿付能力是否有保障是所有保险当事人最为关心的问题,也是保险公司赖以存在的一个至关重要的条件。如果保险公司没有偿付能力,那么保险就会失去它的保障功能,保险可能会成为冒险。如果发现保险公司的偿付能力不足时,为最大限度的保障投保人的利益,应当根据《保险法》第 138 条、第 139 条规定,由国务院保险监督管理机构将偿付能力不足的保险公司列为重点监管对象,实施监控。可以根据具体情况,责令保险公司增加资本金、办理再保险;限制保险公司的业务范围;限制保险公司向股东分红;限制保险公司固定资产购置或者经营费用规模;限制保险公司资金运用的形式、比例;限制保险公司增设分支机构;责令保险公司拍卖不良资产、转让保险业务;限制保险公司董事、监事、高级管理人员的薪酬水平;限制保险公司的商业性广告;责令保险公司停止接受新业务。如果保险公司偿付能力严重不足,可能严重危及或已经危及保险公司的偿付能力的,国务院保险监督管理机构可以对该保险公司实行接管。

17.保险公司及其工作人员在保险业务活动中不得为哪些行为?

案例:

尤某 2005 年购买了某保险公司的"××终身重大疾病保险"产品,保险交费期为 20 年。2012 年 3 月,尤某接到保险公司业务员的电话,称公司推出的最新产品"××人生终身寿险"比"××终身重大疾病保险"更好,并重点强调"××终身重大疾病保险"是"××终身重大疾病保险"的升级版,建议尤某将原来的重大疾病保险换成人生终身寿险,转保不会造成任何损失。还称尤某已经缴费 7 年,产品升级后只需再继续缴费 13 年。结果,尤某"转保"。一年后,尤某接到保险公司催缴费电话,才得知这两款保险产品没有必然联系,发现自己竟然损失了 3 万余元,而合同的缴费期也不是 13 年。尤某向有关部门投诉,有关部门认定保险公司业务员的行为违法,应当承担相应的法律责任。问:保险公司及其工作人员在保险业务活动中不得有哪些行为?

专家解析:

《保险法》第 116 条规定,保险公司及其工作人员在保险业务活动中不得有下列行为:(1)欺骗投保人、被保险人或者受益人;(2)对投保人隐瞒与保险合同有关的重要情况;(3)阻碍投保人履行本法规定的如实告知义务,或者诱导其不履行本法规定的如实告知义务;(4)给予或者承诺给予投保人、被保险人、受益人保险合同约定以外的保险费回扣或者其他利益;(5)拒不依法履行保险合同约定的赔偿或者给付保险金义务;(6)故意编造未曾发生的保险事故、虚构保险合同或者故意夸大已经发生的保险事故的损失程度进行虚假理赔,骗取保险金或者牟取其他不正当利益;(7)挪用、截留、侵占保险费;(8)委托未取得合法资格的机构或者个人从事保险销售活动;(9)利用开展保险业务为其他机构或者个人牟取不正当利益；(10)利用保险代理人、保险经纪人或者保险评估机构，从事以虚构保险中介业务或者编造退保等方式套取费用等违法活动；(11)以捏造、散布虚假事实等方式损害竞争对手的商业信誉，或者以其他不正当竞争行为扰乱保险市场秩序；(12)泄露在业务活动中知悉的投保人、被保险人的商业秘密；(13)违反法律、行政法规和国务院保险监督管理机构规定的其他行为。本案中的保险公司业务员，故意编造虚假事实，隐瞒与保险有关的重要情况，属于欺骗投保人的行为。

专家支招：

投保人在保险中遇到类似上面的情形时，一定要小心、谨慎处理，避免损失发生。一是不简单轻信保险业务员的说法，应当到保险公司就保险相关情况进一步核实，或者通过其他途径加以核查。二是对任何需要购买的保险都要多了解，特别是在购买保险之前要多进行比较和分析，看看是否是自己真正需要的产品。三是发现个人利益受到损失后，应当向本案中的尤某那样，及时向有关部门投诉，或者通过诉讼的方式依法维护自己的合法权益。

18.什么是保险合同？

案例：

江某欲为自己的房屋投保火灾险，向保险公司提出保险要求。保险公司根据江某提出的保险要求对下列主要事项进行了审查：江某是否为房屋的所有人，房屋的价值是多少，房屋的位置及周边环境如何，房屋内的设施如何，等等。保险公司认为无异议，决定承保并与江某签订保险合同。江某有疑问：保险合同属于怎样的合同？办理保险是否一定要签保险合同？

专家解析：

《保险法》第 10 条第 1 款规定："保险合同是投保人与保险人约定保险权利义务关系的协议。"这一规定表明，保险合同是投保人与保险人就保险标的、保险金额、保险费、保险期限、保险金的给付等事项达成一致的协议。保险合同作为合同的一种，有以下特点：第一，保险合同是双务合同。投保人与保险人相互享有权利、承担义务，一方享有的权利是对方所应承担的义务。如投保人有支付保险费、防灾防损、危险增加通知等义务；而保险人则有发生约定事故或事件时履行赔偿或给付的责任。第二，保险合同是射幸合同。射幸合同是传统民法合同中的一种形式，是指当事人全体或一方根据不确定因素而对财产取得利润或遭受损失的一种协议。保险合同订立时，保险人的保险金赔偿或给付尚不能确定，而有赖于保险事故的发生。合同有效期间若发生保险事故，被保险人可得到保险人的保险赔偿；反之，则被保险人只能是付出保险费而得不到保险人的任何反给付。第三，保险合同是附合合同。附合合同是指合同一方受到严格限制，另一方不受任何限制或限制较少的合同。保险合同的内容即主要条款由保险人一方决定。保险人根据其承保能力、技术特点，确定承保的基本条件，规定双方权利义务，投保人只能依保险人设定的不同险种的标的合同中进行选择，一般情况下不去修改其中已定的条款内容。第四，保险合同是最大的诚信合同。订立保险合同，保险人是否予以承保及保险费率的确定，在很大程度上取决于投保人向保险人提供的情况。保险人需要以投保人提供的情况为基础，进行必要的实地调查，然后决定是否承保，再进一步确定保险费率。因此，保险合同所具有的诚信程度应当比一般合同更高，是最大的诚信合同。第五，保险合同是有偿合同。保险合同双方当事人在合同中所享有的权利，是以付出一定代价为条件的。投保人支付保险费，与保险人约定的保险事故发生后，保险人承担相应的补偿或给付责任；而保险人通过为被保险人提供保障，获取相应合理的报酬。第六，保险合同是要式合同。要式合同是指需要通过特定的方式才能成立的合同。投保人与保险人订立保险合同,必须采用法律规定的书面形式,记载法律规定的事项,否则将影响保险合同的法律效力。

专家支招:

保险合同是保险人与投保人之间关于承担风险的一种民事法律关系,是联系保险人与投保人相互间权利义务的纽带,也是商业保险必须采取的一种形式。因此,保险当事人必须签订保险合同。江某作为投保人,投保的房屋火灾险属于商业保险范畴,为了确保保险法律关系的成立及效力,投保时应当按照保险法的有关规定与保险公司签订保险合同。这样做有利于对投保人、被保险人等保险当事人的合法利益的维护。

19.怎样订立保险合同?

案例:

胡某系个体长途货运汽车车主。2012年3月,胡某承揽了一项货物运输业务,为某公司的产品作集装箱运输。由于到达目的地路途遥远,运输时间较长,胡某决定投保运输货物险和运输工具险。胡某向某保险公司提出保险要求后,被告知需要与保险人订立保险合同。胡某想知道怎样订立保险合同?

专家解析:

订立保险合同是一种民事法律行为,也是一种商业行为。保险合同的订立基于投保人和保险人双方意思表示一致而成立,因此,保险合同的订立过程是投保人和保险人意思表示一致的过程,必须经过合法的要约与承诺两个步骤。

要约是一方当事人向他方当事人提出订立合同的意思表示,是订立合同的建议和要求。要约必须具备两个条件,一是要约人对订立合同的意图以及合同主要条件有明确完整的意思表示;二是要约是向特定的受约人提出的。这两个条件必须同时具备的,才能构成一个要约。要约人在要约有效期内必须受要约约束,只要被要约人在要约有效期内完全同意要约,要约人就应当与被要约人签订合同。在保险合同订立过程中,一般情况下,投保人就是要约人,保险人就是被要约人,要约称为投保,是投保人向保险人发出希望投保的意思表示,即提出保险要求。投保人的要约是订立保险合同的首要步骤和必经程序。

承诺是接受要约的一方当事人,愿意与对方订立合同,并接受其建议和要求,与其确立合同关系。承诺必须具备三个条件,一是被要约人无条件地接受要约全部内容;二是被要约人同意要约的意思表示是在要约有效期内作出的;三是被要约人必须以要约要求的形式作出承诺。要约一经承诺,合同即告成立,承诺人便要承担履行合同的义务。在保险合同订立过程中,承诺称为承保,是保险人同意接受投保人投保所作出的意思表示,即保险人同意接受投保人提出的保险要求。如果保险人对投保人发出的保单完全接受,则表明保险人同意投保人的要约,构成对投保人投保单的承诺,保险合同成立。如果保险人对投保人的投保单提出修改意见,那么保险人的意思表示就不是承诺,而是一个新的要约,即反要约,这个要约只有经过投保人同意,合同才告成立。如果保险人拒绝接受投保单,即为要约的拒绝,保险合同不成立。承诺可以由保险人直接向保险人作出,也可以由保险代理人向投保人作出。

专家支招:

胡某如果决定投保运输货物险和运输工具险的,应当提出保险要求,即要约,一般以填写投保单的方式向保险人发出要求保险的要约,投保单一般由保险人印制,投保人只需在投保单上按保险人的要求填写即可。投保人既可以向保险人或者其保险代理人投保,也可以委托保险经纪人向保险人投保。保险合同一经成立,根据《保险法》第 13 条规定,保险人应当及时向投保人签发保险单或者其他保险凭证。保险单或者其他保险凭证中应当载明当事人双方约定的合同内容。经投保人和保险人协商同意,也可以采取保险单和保险凭证以外的其他书面形式订立保险合同。

20.保险合同成立后是否立即生效?

案例:

2012年4月23日,赵某经保险代理人推荐花了100元购买了一张某保险公司销售的"幸福安康卡",医疗费保额为1万元。保险代理人向赵某告知该卡只有在激活后才能生效,并告知了激活的具体方法。之后,赵某由于工作繁忙,忘记了在网上将该卡予以激活。2012年10月13日,赵某在装修自家房屋时不慎摔伤,造成左脚骨折,经医院治疗,共花去医疗费3500元。事发次日,赵某想起之前购买的"幸福安康卡",于是将此卡激活,并获得了电子保单。保单上载明保险期限为2011年9月2日零时起至2012年9月1日24时止。赵某脚伤经治愈后,向保险公司提出赔偿已花去的各项医疗费3500元的要求,但保险公司拒绝予以拒赔,理由是保险合同尚未生效。赵某向人民法院提起诉讼,要求保险公司予以赔偿。问:本案中的保险合同是否有效?

专家解析:

本案主要涉及的是保险合同成立后是否立即生效的法律问题。合同成立是指具有相应的民事行为能力的订约当事人就合同的主要条款达成真实合意后即可认定订约当事人之间成立了合同法律关系;而合同的生效则除要满足合同成立条件之外,还要符合法律或者社会公共利益以及其他法定形式,即除体现当事人的意志外还要体现国家意志,在上述前提下,法律才允许当事人对生效要件进行相应约定,如附条件、附期限等。《保险法》第13条第1款、第2款规定："投保人提出保险要求,经保险人同意承保,保险合同成立。保险人应当及时向投保人签发保险单或者其他保险凭证。保险单或者其他保险凭证应当载明当事人双方约定的合同内容。当事人也可以约定采用其他书面形式载明合同内容。"这一规定表明,保险合同于"保险人同意承保"之时成立。需要说明的是,关于"保险人同意承保",保险法未作详细规定。笔者认为,目前的保险条款多是格式条款,保险条款并不是保险合同的全部,如保险条款中没有规定保费、保险金等必不可少的内容。由于保险合同条款并不仅仅限于保险条款,还包含保单等。尽管保险条款是固定的,而保单的内容却需要双方协商,只有经协商达成一致确定保单内容后,双方的意思表示才完整的表现出来,保险合同才能成立。《保险法》第13条第3款规定:"依法成立的保险合同,自成立时生效。投保人和保险人可以对合同的效力约定附条件或者附期限。"根据这一规定,依法成立的保险合同,从成立时起即开始生效。保险合同生效是指已经成立的保险合同产生法律约束力。保险合同发生法律效力后,对双方当事人即产生法律上的约束力,如投保人应当按照约定交付保险费,保险人应当按照约定的时间开始承担保险责任等。由此可知,依法成立的保险合同原则上应自成立时起即生效,但双方当事人可以对合同的生效时间和条件作出其他约定。保险合同的成立并不等于保险合同的生效。

专家支招:

本案中,从保险合同成立这个角度来说,保险代理人向赵某出售"幸福安康卡"的行为为要约,赵某支付100元钱购买此卡的行为为承诺,因双方对保险合同的主要条款包括对保险合同如何生效的条件达成了一致,所以,赵某与保险公司的保险合同是成立的。但基于保险合同的成立与生效确实是两个不同的法律概念,"幸福安康卡"又对保险合同的生效条件作出了明确约定,即投保人必须将该卡激活才能使合同生效。赵某购买该卡时,保险代理人也已经向其告知该卡激活才能生效并告知激活方法。赵某购买该卡后没有将其激活导致合同生效条件不成熟,其应承担相应的不利法律后果。因此,赵某的诉讼请求应当被驳回。

21.投保人享有哪些权利?

案例:

杨某在银行存款时遇有保险代理人向其推销保险产品。杨某问:"我如果购买这款保险,会得到什么?又需要做些什么?"保险代理人回答:"你的义务只是缴纳保费,你的权利是在出现风险并造成损害时可以要求保险公司赔偿。"问:投保人除了具有请求赔偿或给付赔偿金的权利外,还享有哪些权利?

专家解析:

投保人是基于对保险标的所具有的保险利益而向保险人申请订立保险合同并依据保险合同享有权利、承担义务的人。投保人是保险关系中的重要当事人,享有十分广泛的权利。本案中保险代理人告知杨某享有请求赔偿或给付赔偿金的权利, 并不是投保人权利的全部,而只是其中的一项。除这一权利外,根据保险法及相关法律规定,投保人还享有以下权利:(1)知悉保险真实情况以及保险合同内容。保险合同具有专业性、技术性强,且格式化、固定化的特点,欠缺保险知识的一般投保人很难对其能有全面、深入的了解,因此,为了确保利益上不受损害,投保人在接受保险服务时,有权了解保险的真实情况,了解保险合同的内容。保险法规定保险人对投保人负有告知相关内容的义务。(2)选择保险险种。投保人有权根据自己的意愿自由选择保险险种,保险公司和其他单位不得强制投保人订立保险合同。保险代理人、保险经纪人办理保险业务时,不得利用行政权力、职务或者职业便利以及其他不正当手段强迫、引诱或者限制投保人订立保险合同。(3)及时取得保险单或保险凭证。投保人提出保险要求经保险人同意承保,双方就合同条款达成协议,保险合同即告成立,投保人即有权从保险人一方及时取得保险人签发的载明当事人双方约定的合同内容的保险单或其他保险凭证。(4)变更、解除保险合同。投保人和保险人可以协商变更合同内容,变更保险合同的,应当由保险人在保险单或者其他保险凭证上批注或者附贴批单,或者由投保人和保险人订立变更的书面协议;除保险法另有规定或者保险合同另有约定外,保险合同成立后,投保人可以解除合同,保险人不得解除合同。(5)监督建议。投保人有权对保险人的保险服务进行监督,有权检举、控告保险人、保险代理人、保险经纪人侵害投保人权益的行为和金融管理部门及其工作人员在保险工作中的违法渎职行为。

专家支招:

杨某在订立保险合同时,首先应当充分知晓自己享有哪些权利,并在此基础上正确行使自己的权利,以保证自己的合法权益免受损害,并使自己的利益能够得到完善充分的保障。支付保险费是投保人的义务,但同时也是投保人的一项权利。投保人有权支付合理的保险费用。保险合同是一种对价合同,投保人交付保险费,换取发生保险事故的保障。确定保险费的数额应当合理,投保人只需支付合理的保险费用,而无需承担其他不合理费用。保险事故发生后,投保人如果请求保险公司赔偿或给付赔偿金时,应当将赔偿或给付保险金的请求或有关证明、资料及时提交给保险人,保险人收到请求后及时作出核定,对属于保险责任的,在与被保险人或者受益人达成有关赔偿或者给付保险金的协议后 10 日内,或者按照保险合同对保险金额及赔偿或者给付期限的约定,赔偿或者给付保险金,保证投保人、被保险人或受益人的权利。

22.投保人应当履行哪些义务?

案例:

(同21)。杨某如果购买保险代理人推销的保险产品,果真像保险代理人所说的那样,其义务只是缴纳保险费吗? 问:投保人除了应当缴纳保险费外,还应当履行哪些义务?

专家解析:

权利与义务是相互的,投保人在享有权利的同时,还应当履行相应的义务。其中,按照约定交付保险费是保险人的主要义务。除了缴纳保险费外,投保人还应当履行以下义务:(1)如实告知。《保险法》第16条规定,订立保险合同,保险人就保险标的或者被保险人的有关情况提出询问的,投保人应当如实告知。投保人故意或者因重大过失未履行如实告知义务,足以影响保险人决定是否同意承保或者提高保险费率的,保险人有权解除合同。投保人故意不履行如实告知义务的,保险人对于合同解除前发生的保险事故,不承担赔偿或者给付保险金的责任,并不退还保险费。投保人因重大过失未履行如实告知义务,对保险事故的发生有严重影响的,保险人对于合同解除前发生的保险事故,不承担赔偿或者给付保险金的责任,但应当退还保险费。(2)及时通知危险。保险事故发生后,投保人或者被保险人应当及时通知保险人,以便保险人及时调查保险事故发生的原因、损失范围,做必要的赔偿准备。《保险法》第21条规定,投保人知道保险事故发生后,应当及时通知保险人。危险通知包括危险增加的通知和危险发生的通知。在保险合同的有效期内,保险标的危险程度增加的,投保人或者被保险人应当及时通知保险人,保险人有权增加保险费或者解除合同;未按规定及时通知的,因保险标的危险程度增加而发生的保险事故,保险人不承担保险责任。故意或者因重大过失未及时通知,致使保险事故的性质、原因、损失程度等难以确定的,保险人对无法确定的部分,不承担赔偿或者给付保险金的责任,但保险人通过其他途径已经及时知道或者应当及时知道保险事故发生的除外。(3)提供证明、资料和协助。根据《保险法》第22条规定,保险事故发生后,按照保险合同请求保险人赔偿或者给付保险金时,投保人应当向保险人提供其所能提供的与确认保险事故的性质、原因、损失程度等有关的证明和资料。保险人按照合同的约定,认为有关的证明和资料不完整的,应当及时一次性通知投保人补充提供。(4)防灾减损。保险合同成立后,投保人或者被投保人应当遵守国家有关消防、安全、生产操作、劳动保护等方面的规定,维护保险标的的安全。保险人可以根据保险合同的约定,对保险标的的安全状况进行检查,及时向投保人、被保险人提出消除不安全因素和隐患的书面建议,投保人、被保险人应当履行对保险标的安全应尽的责任,积极防灾减损,否则保险人有权要求增加保险费或者解除合同。

专家支招:

本案中,仅就杨某履行缴纳保险费义务来看,应当明确:保险费是投保人交付给保险人的作为保险人承担保险损害赔偿责任的对价金。《保险法》第14条规定,保险合同成立后,投保人按照约定交付保险费,其数额由保险人根据保险金额来确定。保险费并不是一成不变的,保险合同成立后,保险费仍然有可能增加或减少。保险合同成立后,投保人应当按照保险合同规定的内容,按时、按数向保险人一次或分期交纳保险金。

23.保险人应当履行哪些义务?

案例:

　　周某投保了 50 万元的人寿保险,指定受益人为妻子吴某。周某缴纳了保险费用后,保险公司同意承保,并签发了正式保单,约定了承担保险责任的具体时间。该时间的一个月后,周某突发疾病死亡。吴某向保险公司索赔。保险公司拒绝赔偿,理由是根据该公司规定,人身保险合同金额巨大的,必须经过体检后才可承保,而周某违反保险公司的投保规定,一直未经体检,保险单未发生法律效力,因此,保险公司不承担赔偿责任。吴某认为,投保时保险公司并未就体检事宜作出明确说明,没有履行保险人应尽的义务,于是向人民法院提起诉讼,要求保险公司承担给付保险尽的责任。问:保险人应当履行哪些义务?

专家解析:

　　投保人除了要认真履行自己的义务外, 还要注意保险人是否也履行了应尽的法律义务。根据保险法规定, 保险人应当履行以下义务:(1)说明义务。根据《保险法》第 17 条规定,订立保险合同,采用保险人提供的格式条款的, 保险人向投保人提供的投保单应当附格式条款,保险人应当向投保人说明合同的内容。对保险合同中免除保险人责任的条款,保险人在订立合同时应当在投保单、保险单或者其他保险凭证上作出足以引起投保人注意的提示,并对该条款的内容以书面或者口头形式向投保人作出明确说明;未作提示或者明确说明的,该条款不产生效力。本案中,保险公司应当在订立合同时向周某说明体检要求,如果未作说明的,不能在保险事故发生后以此来作为免责的事由。(2)及时签发保险合同的义务。根据《保险法》第 13 条规定,投保人提出保险要求,经保险人同意承保,保险合同成立。保险人应当及时向投保人签发保险单或者其他保险凭证,并在保险单或者其他保险凭证中载明当事人双方约定的合同内容。(3)通知义务。保险人应当履行以下通知义务:①根据《保险法》第22条规定,保险事故发生后,按照保险合同请求保险人赔偿或者给付保险金时,投保人、被保险人或者受益人应当向保险人提供其所能提供的与确认保险事故的性质、原因、损失程度等有关的证明和资料。保险人按照合同的约定,认为有关的证明和资料不完整的,应当及时一次性通知投保人、被保险人或者受益人补充提供。②根据《保险法》第23条规定,保险人收到被保险人或者受益人的赔偿或者给付保险金的请求后,应当及时作出核定,并将核定结果通知被保险人或者受益人。(4)履行赔偿或给付保险金的义务。承担赔偿责任和保险金赔付责任是保险人的主要义务。保险合同一旦有效成立,在发生保险事故时,保险人即应按照保险合同的规定,承担赔偿责任,这是保险合同的直接效力,基于这种效力,保险人始终负有赔偿或给付保险金的义务。(5)保密义务。根据《保险法》规定,保险人或者再保险人对在办理保险业务中知道的投保人、被保险人、受益人或者再保险分出人的业务和财产情况以及个人隐私,负有保密义务。因此,保险人对在订立保险合同过程中所知晓的保险标的或者被保险人、受益人的有关情况,如被保险人、受益人的经营状况、财产情况等,不得对外公开或者传播。

专家支招:

就本案而言,保险公司同意承保,并向周某签发了正式保险单,约定了承担保险责任的具体时间,保险合同即已生效,那么此后发生的保险事故,保险人应当承担赔偿责任。根据《保险法》第23条规定,保险人承担赔偿责任,应当做到:收到被保险人或者受益人的赔偿或者给付保险金的请求后,应当及时作出核定;情形复杂的,应当在30日内作出核定,但合同另有约定的除外。保险人应当将核定结果通知被保险人或者受益人;对属于保险责任的,在与被保险人或者受益人达成赔偿或者给付保险金的协议后10日内,履行赔偿或者给付保险金义务。保险合同对赔偿或者给付保险金的期限有约定的,保险人应当按照约定履行赔偿或者给付保险金义务。保险人未及时履行上述规定义务的,除支付保险金外,应当赔偿被保险人或者受益人因此受到的损失。

24.投保人不如实告知的,保险人是否有权解除保险合同?

案例:

吴某、李某为夫妻。2009年3月,吴某购买某保险公司的人身保险,被保险人为李某,保额为15万元。保险合同签订后,吴某按照约定缴付了3年的保险费用。2012年2月,李某因患癌症死亡,吴某向保险公司索赔。保险公司以吴某投保时未如实告知被保险人的病情为由,拒绝赔偿。吴某向人民法院提起诉讼,要求保险公司支付赔偿金。保险公司则提出解除保险合同。人民法院经审理查明,李某2009年1月即因癌症住院治疗。问:保险人能否以投保人不如实告知为由解除保险合同?

专家解析:

《保险法》第16条规定,订立保险合同,保险人就保险标的或者被保险人的有关情况提出询问的,投保人应当如实告知。投保人故意或者因重大过失未履行如实告知义务,足以影响保险人决定是否同意承保或者提高保险费率的,保险人有权解除合同。保险法的这一规定说明,订立保险合同时,投保人对保险人就保险标的或者被保险人有关情况提出的询问,有如实告知的义务。投保人违反告知义务的,保险人可以解除合同,免于承担赔偿责任。这既是保险人对自己正当利益的救济,也是针对被保险人或者受益人保险金请求权的一种抗辩。但是,这种救济和抗辩权利不是无限的,要受到权利行使期限的约束和限制。为了维护交易秩序,督促权利行使,保险法对于保险人的合同解除权设有行使期限,超过期限不行使的,则权利丧失,不得再以投保人未履行告知义务而逃避保险责任。

专家支招:

保险人的合同解除权,自保险人知道有解除事由之日起,超过 30日不行使的,即告消灭;自合同成立之日起超过 2 年未行使的,保险人不得解除合同;2 年之后,保险合同视为不可争议,保险人不得基于投保人、被保险人不如实告知而对抗他们的索赔主张,发生保险事故的,保险人应当承担赔偿或者给付保险金的责任。本案中的吴某订立保险合同时虽未如实告知被保险人李某的病情,但已经按期向保险公司缴纳了 3 年的保险费,且保险公司提出解除合同主张是在合同成立 2 年之后,不能对抗吴某的主张。因此,吴某向人民法院提起诉讼,人民法院应当认定保险人的合同解除权丧失,应当向吴某支付保险金。

25.保险事故发生后,投保人、被保险人或者受益人应当如何履行通知保险人的义务?

案例:

2012 年 7 月,李某购买了家庭财产保险,保险期限为 1 年。2013 年春节前夕,李某家中意外失火,烧毁了大量财物。火灾发生后,李某想到了之前自己购买的家庭财产保险,于是向保险公司报险,要求赔偿。问:投保事故发生后,投保人应当如何通知保险人。

专家解析:

保险事故发生后,投保人、被保险人或者受益人有及时通知义务对保险人的义务。对此《保险法》第 21 条规定,投保人、被保险人或者受益人知道保险事故发生后,应当及时通知保险人。投保人、被保险人或者受益人及时通知保险人极为重要,一方面,对于保险人来说,保险人可以采取必要的措施,防止损失的扩大或保存保险标的残余部分,减轻损失,还可以及时调查损失发生的原因,搜集证据,以保护投保人的合法利益。另一方面,对于投保人、被保险人或者受益人来说,如果因故意或者因重大过失未及时通知,致使保险事故的性质、原因、损失程度等难以确定的,保险人对无法确定的部分,投保人不得要求保险人承担赔偿或者给付保险金的责任,但保险人通过其他途径已经及时知道或者应当及时知道保险事故发生的除外。因此,保险事故发生后,投保人等应当及时向保险人报案,履行通知义务。

专家支招:

保险事故发生后,投保人、被保险人或者受益人都是保险事故通知的义务人,都有义务通知保险人。通知时应当注意:(1)通知的内容应当是通知义务人知悉的保险事故发生和造成保险标的损失的情况,具体包括出险时间、地点、原因、受损标的的种类、范围及损失程度,等等。(2)关于通知的期限,保险法规定为"及时",尚无具体时间要求,保险人和投保人可以依据保险法的原则性规定,在保险合同中约定履行通知义务的具体时间。如果保险合同中对具体时间作出约定的,投保人、被保险人或者受益人就应当按照合同约定的期限履行通知义务。如果保险合同中未就具体时间作出约定的,投保人、被保险人或者受益人可以自行掌握,但通知应当及时。关于通知迟延或者未履行通知义务所承担的责任,保险法也未作明确规定,可以由投保人和保险人在保险合同中约定,或者由保险人与投保人、被保险人或者受益人协商确定。(3)通知可以是书面方式也可以是口头方式,但合同中约定必须以书面方式进行的,则必须以书面方式通知保险人或代理人。(4)保险人已知的,或者依通常情理保险人应知的,或者保险人已声明不必通知的,可以免除投保人、被保险人或者受益人的通知义务。

26.保险合同应当包括哪些事项？

案例：

王某是一名特技演员。由于从事的职业有特殊风险，王某决定为自己购买人身保险。当看到保险公司出具的保险合同时，王某却发现合同是保险公司事先拟定好的，而且是格式条款，很多内容与自己的想法不符。王某在询问是否可以在保险合同中体现出自己的一些特殊要求时，被保险人告知不可以。问：保险人的回答正确吗？保险合同应当包括哪些事项？

专家解析：

投保人的回答是不正确的。保险合同的内容也称保险合同条款，简称保险条款，是保险合同中记载的事项。保险合同的条款包括法定条款和约定条款两种类型。其中，法定条款是依据保险法规定保险合同必须包括的事项，保险当事人不得以约定的方式加以改变。这部分条款通常都是由保险公司以事先拟好的格式合同的形式向投保人出具。而约定条款则是保险合同当事人在法定条款外，自由约定履行特种义务的条款，通常以附加条款、协会条款及保证条款三种形式出现。可见，在投保的时候，只要保险当事人双方协商一致，投保人对保险的特殊要求，是可以约定条款的方式写在保险合同中。

专家支招：

订立保险合同时应当注意，根据《保险法》第18条规定，保险合同应当包括下列事项：(1) 保险人名称和住所。保险人均由保险公司担任，并以其主要办事机构所在地为住所。(2)投保人、被保险人名称和住所，以及人身保险的受益人的名称和住所。(3)保险标的。保险标的即保险对象。财产保险中,保险标的是指财产或者与其有关的利益和责任,一般应在保险合同中载明被保险财产的数量、质量、坐落地点等,以便进行保险估价,确定保险费率,为确定保险金额提供依据。人身保险中,保险标的是指人的身体和寿命,一般应在保险合同中详细记载被保险人的健康状况、性别、年龄、职业、居住地及其与投保人之间的亲属关系或利益关系等。(4)保险责任和责任免除。保险责任是指保险人按照合同约定,对于可能发生的事故因其发生所造成的财产损失,或者当被保险人死亡、伤残、疾病或者达到合同约定的年龄、期限时所承担的赔偿或者给付保险金的责任。保险责任因保险种类不同而不同。确定保险责任的同时,还应确定责任免除条款,即由保险合同约定保险人不承担赔偿或给付保险金责任的范围。(5)保险期间和保险责任开始时间。保险期间是指保险合同从生效到终止的期间,即保险合同的有效期。一般情况下保险期间的起始时间与保险责任的开始时间一致,但也有例外,因此,对保险合同中的保险责任开始时间应当另行规定。(6)保险金额。保险金额是指由投保人和保险人约定的保险人承担赔偿或者给付保险金责任的最高限额。财产保险的保险金额不得超过保险价值。(7)保险费以及支付办法。保险费是投保人向保险人支付的费用,是作为保险人按照合同约定承担赔偿或给付保险金责任的代价。保险费的支付办法即投保人履行义务的方式和时间,应当在保险合同中载明。(8)保险金赔偿或者给付办法。保险人在保险事故发生造成保险标的损失时,向被保险人或受益人赔偿或给付保险金的方式和时间,应由投保人和保险人依法约定。(9)违约责任和争议处理。违约责任是指合同当事人因其过失,致使合同不履行或者不完全履行时,基于法律规定或者合同约定应当承担的法律后果。投保人和保险人可以就违约责任和合同履行过程中发生争议的处理办法进行约定。(10)订立合同的年、月、日。以上条款是构成一般保险合同的必备条件,当事人不得以约定的方式加以改变。但上述条款并不是保险合同仅有的内容,投保人和保险人可以约定与保险有关的其他事项。

27.哪些保险合同无效?

案例:

某中学以宋某等 20 名教师的名义购买了某保险公司出售的团体人身保险,用 20 万元公款支付了保险费,保险期限为 2 年。2 年后,保险期满,该学校向保险公司出具了团体人身险期满给付申请书,保险公司支付了 40 余万元的保险金。宋某等人向学校讨要自己应得的保险金份额时,遭到拒绝,于是共同将学校起诉至人民法院。法院审理此案,最后认定该保险合同无效。问:什么样的保险合同无效?

专家解析:

无效保险合同是指国家不予承认和不予保护的保险合同。合同双方当事人虽然完成了合同订立的程序,但因违反法律的要求,从订立之日起合同就没有法律效力,双方不受合同的约束。根据《中华人民共和国合同法》第 52 条规定和《保险法》的相关规定,结合保险合同的具体特点,下列保险合同无效:(1)一方以欺诈、胁迫的手段订立合同,损害国家利益的。所谓欺诈手段包括:投保人在订立保险合同时,明知危险已经发生而谎称没有发生;人身保险的投保方故意错报年龄或健康状况;财产保险的投保方故意隐瞒危险的状况等。所谓胁迫手段是指凡当事人一方用可能实现的,使对方蒙受损失的行为相要挟,迫使对方同意与其订立某些保险合同。(2)恶意串通,损害国家、集体或者第三人利益的。(3)以合法形式掩盖非法目的的。(4)损害社会公益的。(5)违反法律、行政法规的强制性规定的。(6)采取口头方式订立的。(7)恶意的复保险合同。(8)为第三人订立的死亡保险合同未经被保险人同意的。(9)对保险标的的无保险利益的。(10)以死亡为给付保险金条件的合同,未经被保险人书面同意的,等等。就本案而言,该学校为事业单位,其财产无论是财政拨付的还是经营收入的,均系国有财产,对财产处置应当在国家授权范围内进行,而对于通过购买商业保险的形式将单位控制的国有财产无偿转化为被保险人个人所有的行为,该学校无法提供证明该行为合法的依据,因此,人民法院应当根据《民法通则》关于禁止任何组织或者个人侵占、哄抢、私分、截留、破坏国家财产的规定,判定保险合同无效。

专家支招：

保险合同不依法订立就可能成为无效合同,双方当事人不但不能达到预期的目的,还要承担由此产生的法律责任,受到法律的制裁。无效合同的确认权由合同管理机构和人民法院行使。合同被确认无效后,合同中规定的权利义务即为无效。尚未履行的不得履行,履行中的合同应当终止履行,保险人依据该合同取得的保险费应返还投保人。若发生保险事故,保险人已向被保险人补偿经济损失的,被保险人也应如数返还保险人。保险合同被确认无效后,有过错的一方应赔偿对方因此而遭受的损失,双方均有过错的,各自承担相应的责任。违反国家和社会公共利益的保险合同,如双方均系故意,应将双方已经取得的或约定取得的财产,收归国库所有。如果是一方故意,故意的一方应将从对方取得的财产返还对方,非故意的一方已经从对方取得的或约定取得的财产,应收归国库所有。

28.哪些情况下可以变更保险合同？

案例：

杜女士和余先生婚后无子女。2012 年 3 月,杜女士以投保人的身份为自己的丈夫余先生向保险公司投保了两份人身保险以一份附加住院医疗保险,并指定受益人为自己。2012 年 7 月,杜女士夫妇收养一女田某。杜女士由于十分喜爱田某,于是向保险人提出请求,将保险受益人变更为田某。问:哪些情况下保险合同可以变更?

专家解析:

保险合同变更是指保险合同未履行或未完全履行之前,因订立合同所依据的主客观情况发生变化,由当事人依照法律规定的条件和程序,对原合同的某些条款进行修改或补充。根据保险法规定,保险合同在一些情况下是可以变更的。如本案就属于由于保险合同主体的变更导致保险合同变更。保险合同主体的变更是指保险合同当事人即投保人和保险人的变更,以及被保险人或者受益人的变更。实际上保险合同主体的变更就是保险合同的转让,因保险标的所有权或者经营权发生变化投保人或者被投保人发生变更,而保险标的本身却没有任何变化。因此,一般情况下发生变更的多是被保险人、投保人或受益人,而不是保险人,但特殊情况下保险人也会发生变更,如人寿保险合同的保险人,在被依法撤销或被依法宣告破产时,其持有的人寿保险合同必须转移给其他经营人寿保险业务的保险人,这时保险合同就发生了保险人变更。除保险合同主体变更外,保险合同还会因以下情况发生变更:(1)保险合同内容的变更。保险合同内容的变更是指在保险合同主体不发生变化的情况下,保险合同的其他记载事项发生变更,即体现双方权利义务关系的合同条款发生变更。保险合同内容的变更可以分为两种情况:一是投保人根据需要而变更合同的某些条款,如延长或缩短保险期,增加或减少保险金等;另一种是当情况发生变化,必须变更合同内容时,投保方应及时通知保险人更改合同的某些条款,否则将产生法律后果。(2)保险合同效力的变更。保险合同效力的变更是指保险合同失效后而复效。所谓保险合同的失效是指保险合同生效后,由于某种原因使合同暂时中止而失去效力,在保险合同效力停止期间发生保险事故,保险人当然不负赔偿或给付义务。保险合同的复效是指保险合同失效以后重新开始生效。在合同效力中止后,投保人可以在一定条件下,提出恢复保险合同原有效力的请求,经保险人的承诺,中止的合同即可恢复。

专家支招：

《保险法》第 20 条第 1 款规定："投保人和保险人可以协商变更合同内容。"对于变更保险合同,当事人可以在订立保险合同时一次性作出约定,也可以在每次变更时进行协商。如果投保人、被保险人或者受益人要求变更保险合同,可以先向保险人提出需要变更的事项,并提交有关资料,然后由保险人审查核定;如果保险人要求变更合同条款,应当事先通知投保人、被保险人或受益人,征得他们同意后,即可对保险合同进行变更。变更保险合同只能采用以下法定形式进行:一是由保险人在保险单或者其他保险凭证上批注或者附批单;二是由投保人和保险人订立变更保险合同的书面协议。

29.保险费的多少由什么决定？怎样交付保险费？

案例：

张某欲购买人身保险,但几次与保险公司协商都未能订立保险合同,原因是在约定保险期限、缴费年限、保险金额以及保险费等问题时,双方有分歧,尤其是保险费的确定上难以达成一致。张某认为保险公司确定的保险费过高,自己难以接受。保险公司则认为保险费合理,而且确定有据。后双方经过进一步协商和解释,终于订立保险合同,张某交付了保险费。问:保险费的数额是由什么决定的?怎样交付保险费?

专家解析：

保险费又称保费,是投保人为获得保险人承诺给付保险金而向保险人支付的费用。保险费是保险基金的来源,投保人支付保险费是换取保险人承担危险的代价,保险合同若无保险费的约定,应视为无效。投保人缴付保险费的多少由保险金额、保险费率和保险期限来决定。保险金额大,保险费率高,保险期限长,保险费就多。反之,保险费就少。其中,保险金额简称保额,是指被保险人对保险标的实际投保金额,也是保险人负担损失补偿或保险金给付的最高限额。保险金额是保险合同的重要内容之一,也是法定不可缺少的条款,对保险人而言,它不仅是收取保险费的标准,也是负担损失补偿或约定给付保险金的最高限额;对被保险人而言,它不仅是缴付保险费的标准,而且也是获得保险保障的范围。因此,保险金额应当准确反映保险标的的实际价值,过高或不足都会影响双方当事人的权利和义务,不利于投保人确定其应付的保险费,也不利于保险人确定赔偿的最高限额。在不同的保险合同中,保险金额的确定方法有所不同。财产保险的保险金额要根据保险价值来确定,原则上保险金额不能超过保险价值,超过保险价值的,超过的部分无效。在人身保险中,由于人身的价值无法衡量,人身保险的保险金额是合同当事人双方约定保险人承担的最高给付限额或实际交付的金额。人身保险的保险金额在长期人寿保险中一般不作限制,只受投保人本身支付保险费能力的制约。但是对一些短期人身险或简易人身险则往往对保险金额的最高额作出限制,这种限制在保险合同中明确约定。

保险费率由保险纯费率和附加费率两部分组成,其中保险纯费率是保险费率的基本部分,依照保险标的的损失率(保险金额与损害赔偿金额之间的比率)来决定;附加费率则主要由保险部门的业务支出来决定。保险费率的高低取决于保险责任范围的大小、以往该范围内危险造成保险标的的损失率和经营成本等。不同的险种其保险费率是有差异的。保险费率多为比例费率,也有采用定额保费的。由此可见,保险费数额的确定取决于多方面因素,而并不是保险金额的等值,投保人少量投入,在保险事故发生后即可获得较大的风险补偿。

专家支招:

交付保险费是投保人的义务,投保人应当按照规定交付保险费。《保险法》第 14 条规定:"保险合同成立后,投保人按照约定交付保险费,保险人按照约定的时间开始承担保险责任。"根据这一规定,保险合同成立后,投保人即应按照双方的约定履行支付保险费义务,交付有时间约定的,依约定交付,无时间约定的,应在保险单签发之际同时交付。补偿性保险多规定保险费为一次支付,而给付性保险多规定保险费为分期支付。由于财产保险的保险费可以诉讼请求,所以若双方当事人同意,可以在保险合同生效后交付;人身保险的保险费不得以诉讼请求,故约定一次支付保险费的须一次付清,分期支付的须在合同成立时支付第一期保险费。支付保险费是投保人的义务,但其他人可以代为支付,交付地点应在合同中约定,无约定时应在保险人的住所或营业地交付。支付方法可以是现金,也可以是票据。

30.保险人未作提示和说明的免责条款是否有效?

❀   ❀   ❀

案例:

某食品有限公司委托某运输公司承运 300 吨荔枝,又向保险公司投保了货物运输保险。该货运保险单所附的格式条款中规定,保险标的有如下情况的保险公司不承担赔偿责任:第一,被保险货物自有的缺陷;第二,运输过程中发生的盗窃损失;第三,被保险人的故意或者过失行为;第四,其他不属于保险责任范围的损失。货物到达目的地时,三分之二的荔枝已经腐烂,经有关技术部门检定,为气温过高所致。食品公司向保险公司提出理赔申请。保险公司予以拒绝,理由是运输中由于装载不当以及气温异常导致货物损失,不属于保险责任范围。食品公司则认为保险公司对其他不属于保险责任范围的损失未作任何提示和明确说明,因而不能将气温异常导致货物腐烂排除在保险责任范围之外,对此保险公司不能免责。问:保险人未作提示和说明的免责条款是否有效?

专家解析:

本案争议的焦点是保险合同的格式条款是否有效的问题。保险过程中,保险条款都是由保险公司单方制定。保险公司在制定保险条款的过程中都尽可能地维护自身利益,结果是极易出现不公平的条款。特别是不公平的免责条款,保险人如果没有履行提示和说明义务,其结果必然是极大地损害投保人、受益人的合法利益。因此,《保险法》第17条规定:"订立保险合同,采用保险人提供的格式条款的,保险人向投保人提供的投保单应当附格式条款,保险人应当向投保人说明合同的内容。对保险合同中免除保险人责任的条款,保险人在订立合同时应当在投保单、保险单或者其他保险凭证上作出足以引起投保人注意的提示,并对该条款的内容以书面或者口头形式向投保人作出明确说明;未作提示或者明确说明的,该条款不产生效力。"这一规定表明,要求保险人对保险合同的内容应当向投保人说明,对保险合同中的免责条款不仅要明确提示,还要对免责条款进行说明,如果没有作出提示或说明的,保险人不得主张该免责条款的法律效力。可见,本案中的保险公司对"其他不属于保险责任范围的损失"未作提示和说明,就不得以"气温异常导致货物腐烂"不属于保险责任为由,免除赔偿责任。该免责条款是无效的。

专家支招:

投保人在投保时一定要注意保险合同中的特表约定的免责条款的规定。一是要看规定的内容是否合理;二是要看对免责条款保险人是否履行了提示和说明义务。作明确提示和说明是保险人应当履行的法定义务。"提示"应当足以引起投保人注意。对于"足以引起投保人注意"的衡量标准,保险法并没有明确规定。笔者认为"提示"应达到下列标准,才能视为"足以引起投保人的注意":(1)保单中的免责提示的字体必须大于或不得小于其周围文字的字体。(2)提示应当在保单的显然位置或不得在边角位置。(3)提示应当说明保险条款免责部分的具体条款。

31.保险合同中的哪些格式条款无效?

案例:

某年3月,王某购买了一辆新款轿车,并按照规定在当地一家保险公司为该车办理了一整套保险。同年10月,王某驾车外出时发生交通事故,轿车被追尾,随后又撞树上,毁损严重。王某按保险公司的要求将车拖到保险公司下属的某修理厂。王某了解到该修理厂技术力量及维护设备较差,无法将毁损严重的轿车修好,便提出更换修理厂家。保险公司拒绝,称按照合同规定只能到保险公司下属的修理厂修理。王某无奈,只好将车放在该修理厂修理,但过了5个月,轿车仍未修好。王某认为,保险公司利用其垄断性地位以格式条款排除被保险人的某些权利,这样的格式条款是无效的。在与保险公司多次协商不成的情况下,王某向当地人民法院提起诉讼。问:保险合同中的哪些格式条款是无效的?

专家解析:

本案争论焦点是保险合同中规定的必须到保险公司下属的修理厂修理汽车是否符合格式条款公平性、合理性的规定。《保险法》第11条规定:"订立保险合同,应当协商一致,遵循公平原则确定各方的权利和义务"。《合同法》第39条规定,采用格式条款订立合同的,提供格式条款的一方应当遵循公平原则确定当事人之间的权利和义务。所谓公平是指投保人与保险人订立保险合同时,应当兼顾双方利益、他人利益和社会利益,正确行使权利和认真履行义务,并以相互享有权利为条件,相互对对方有利。投保人享有的权利是支付保险费用后在保险事故发生时,要求保险人支付保险金。保险人享有的权利是要求保险人支付保险费用。实践中存在的问题是,虽然法律法规有明确的规定,要求格式条款必须公平合理。但是,法规对于不公平、不合理的具体范围并没有给出界定,没有详细的列举哪些保险条款属于不公平、不合理的保险条款,并且也没有明确的给出认定公平性合理性的要件。就本案而言,保险公司以格式条款的形式规定投保人只能在规定的保险公司下属的修理厂修理投保汽车的规定,就是明显的利用其强势、垄断地位,规定对保险公司有利,对王某不利的条款,排除王某对于修理厂自由选择的权利,属于保险人利用其垄断性地位订立的对自己有利而不利于被保险人,并排除了被保险人某些权利的条款,应当排除其法律效力。对此,《保险法》第19条具体规定,采用保险人提供的格式条款订立的保险合同中的下列条款无效:(1)免除保险人依法应承担的义务或者加重投保人、被保险人责任的;(2)排除投保人、被保险人或者受益人依法享有的权利的。

专家支招:

类似于本案保险人利用其垄断性地位订立对自己有利、不利于被保险人、排除被保险人某些权利的条款的情形,在保险人与投保人之间经常出现。保险过程中,保险条款都是由保险公司单方制定。保险公司在制定保险条款的过程中都尽可能的维护自身利益,结果是极易出现不公平的条款。由于这些不公平条款不属于免责条款,如果不会因保险人没有履行提示和说明义务而被认定无效,其结果必然是极大地损害投保人、受益人的合法利益。因此,遇到这种情况时,权利人应当积极向人民法院和仲裁机构主张自己的权利,以求通过合理、合法的方式否定那些"非免责条款"、"隐性不公平条款",以补救投保人没有参与保险条款的制定而给他们带来的不利局面。此外,还应当注意的是格式条款具有相当大的隐蔽性。具体来说,第一,一般的合同相对人无法正确理解合同中格式条款的真实意义。制定格式条款的一方往往使合同内容具有很强的专业性和技术性,使仅具有一般知识水平的普通消费者对条款的内容难以真正理解和把握。第二,对相对人不利的格式合同常有意识地掩藏在合同的文字之中或与其他合同条款相分离,或是在合同达成之后才出示对其不利的条款,使得相对人在不确定合同内容是否公平合理的条件下接受了于己不利的格式条款。就本案来说,王某在签订保险合同6个月之后才知道修理车辆只能到保险公司下属的修理厂进行修理,而在此之前对此规定则一无所知。因此,提醒投保人在投保时,特别是第一次接触到保单时,应当了解保单中格式条款的性质和内容,不能只是为了完成了保险合同的订立。

32.对保险合同的争议条款如何解释?

案例:

齐某与某保险公司签订保险合同,为自己的私家车投保了全车盗抢险和不计免赔特约险,并按约定支付了保险费。该保险单所附的机动车辆保险条款的"责任免除"部分规定:"驾驶员实习期在高速公路上驾车,造成保险车辆的损失或者第三者的经济损失的,保险人不负赔偿责任。"齐某的儿子是实习驾驶员,驾驶保险车辆在城内某快速干道行驶时不慎撞到环岛的护栏,导致车辆受损。齐某随即通知保险公司,并向保险公司索赔。保险公司拒绝赔偿,理由是"责任免除"规定中的条件成就,因为该快速干道是按照高速公路的管理办法进行管理的,应当认定为高速公路。齐某则认为该快速干道并非是高速公路。双方对保险合同条款的认识产生分歧。于是齐某向人民法院提起诉讼。

问：对保险合同的争议条款应当如何处理？

专家解析：

　　保险合同应当准确地反映合同双方当事人的意思，但有时合同条款用词不明确，双方当事人对其解释各不相同，导致当事人对合同规定的权利义务或对保险标的的权益提出不同的主张和要求。在这种情况下，就需要对保险合同条款作出解释。保险合同格式条款大多是由保险人拟定并事先印就的，保险人在制订条文时，往往偏重于本身利益，而投保人由于专业知识和时间的限制，难以对一些专业词汇和条文含义作深入细致的研究，因此，从公平合理角度出发，也为使保险人在拟定保险合同条款时做到文字清楚准确，《保险法》第30条规定："采用保险人提供的格式条款订立的保险合同，保险人与投保人、被保险人或者受益人对合同条款有争议的，应当按照通常理解予以解释。对合同条款有两种以上解释的，人民法院或者仲裁机构应当作出有利于被保险人和受益人的解释。"根据这一规定，对采用保险人提供的格式条款订立的保险合同的条款有争议的，适用"按照通常理解解释"和"有利于被保险人和受益人解释"原则。具体为：（1）保险人与投保人、被保险人或者受益人对合同条款有争议的，首先应当按照保险人与投保人、被保险人或者受益人对条款内容的通常理解予以解释，即适用"按照通常理解解释"原则，以体现保险活动的公平。（2）保险人与投保人、被保险人或者受益人对合同条款有争议，并且对争议条款有两种以上解释时，应当适用"有利于被保险人和受益人解释"原则。如在保险合同条款中的词语"一词多义"，既可以作有利于保险人的解释，又可以作有利于被保险人和受益人的解释时，适用有利于被保险人和受益人解释的原则。应当注意的是"有利于被保险人和受益人解释"原则并不是完全的"争议解释不利于保险公司"原则。这一原则应当适用于保险人、被保险人或者受益人之间对保险合同条款有两种以上解释的情况，不适用于没有发生争议的条款以及不是在保险人、投保人之间发生争议的条款的解释，并且只在人民法院或者仲裁机关对有争议的保险合同条款作出解释时适用。

在解释保险合同条款时,还应当遵守文义解释原则,意图解释原则,批注优于正文、后加的批注优于先加的批注的解释原则,对于合同的疏漏按有关法律的任意性规定予以补充的解释原则和如果法律缺乏补充规定,应根据商业习惯、国际惯例、公平原则等解释保险合同有关条款的解释原则。其中文义解释原则要求保险合同中的词语,应当按照该词通常的文字含义来解释,在一个合同内出现的同一个词,其解释应该是一致的。合同中所用的专门术语,应按所属的各行业通用含义来解释。意图解释原则要求在解释合同条款时,要尊重当事人双方在订约时的真实意图,并根据合同的文字,结合订约当时的背景和客观实际情况,进行分析推定。

专家支招:

本案争议的焦点在于发生保险事故的路段是高速公路还是快速干道。由于保险合同的双方当事人认识不一,在这种情况下,对保险合同条款的解释应当有利于被保险人和受益人,因此人民法院应当按照国家对于道路的有关分类规定,认定城市快速干道并非高速公路,判决保险公司赔偿齐某的损失。

33.保险金是否可以预先给付?

案例:

高某经营的家禽种苗繁育中心扩大经营规模,将从银行贷款500万元和前期经营获利的700万元作为共同投资,从法国引进了1万只种鸡。为了避免风险,高某投保了家禽类保险。正当高某的生意红火时,一场火灾导致8000多只种鸡死亡,直接经济损失达100多万元,间接经济损失将近300万元。高某请求保险公司给付保险金。为了不影响归还银行贷款以及及时恢复生产,高某请求保险公司预先给付保险金。问:保险金是否可以预先给付?

专家解析:

保险金可以预先给付。保险金的预先给付是指保险人对索赔凭证审核后,认为事故属于保险责任范围的,在最终保险赔偿数额确定之前,先行给付可以确定的最低数额的保险赔付。保险金先行给付的意义在于:保险事故发生后,保险人往往需要在较长的时间内才能确定最终的赔款数额,而被保险人可能会因为资金缺乏而无法恢复正常的生产或生活,如果保险人按照可以确定的最低赔偿数额预先给付保险金,在最终保险赔款数额确定后再补足余额,有利于解决被保险人的生产或生活困难,也有利于社会的安定。对此,我国《保险法》第25条有相关规定。

专家支招:

本案中,高某请求预先给付保险,保险公司在收到给付保险金的请求后,应当及时作出核定,并对属于保险责任的予以支付保险金。保险公司自收到给付保险金的请求和有关证明、资料之日起60日内,对其给付保险金的数额不能确定的,应当根据已有证明和资料可以确定的数额先予支付保险金。保险人待最终确定给付保险金的数额后,应当支付相应的差额。被保险人、受益人请求保险公司预先给付赔偿金的,也按照同样办法执行。

34.什么是再保险? 再保险如何履行保险责任?

案例:

1995年,中国太平洋保险公司承保的亚太2号通信卫星升空爆炸,赔付金额高达 1.6 亿美元。而当时资本金还不足 20 亿元人民币的太平洋保险公司仅用了 50 天的时间就如数支付了全部赔款,原因在于太平洋保险公司已将卫星保险的大部分风险向国际市场实行了分保,即所谓的再保险。问:什么是再保险? 再保险责任如何履行?

专家解析:

再保险也叫分保,是保险人为了减轻自身承担的保险责任而将不愿承担或超过自身承保能力以外的部分保险责任,转嫁给其他保险人承保的一种保险。《保险法》第 28 条第 1 款规定:"保险人将其承担的保险业务,以分保形式部分转移给其他保险人的,为再保险。"在再保险关系中,直接接受保险业务的保险人称原保险人,也叫再保险分出人;接受分出保险责任的保险人称再保险接受人,也叫再保险人。基于最大诚信原则,《保险法》第 28 条第 2 款规定:"应再保险接受人的要求,再保险分出人应当将其自负责任及原保险的有关情况书面告知再保险接受人。"再保险发生后产生两种关系,一种是原保险关系,即再保险分出人(原保险人)与投保人、被保险人或受益人之间的因保险而生的合同关系,投保人、被保险人或者受益人依照合同的约定履行保险费交付义务、告知义务、出险通知义务等,而保险人则依照合同的约定在保险事故发生后履行保险赔偿或给付义务; 另一种是再保险关系,也是一种合同关系,是再保险接受人和再保险分出人(原保险人)订立的确定其相互间权利义务的合同关系。这种合同以再保险分出人(原保险人)承保的金额转让一部分或全部给再保险接受人,而在发生保险事故时,由再保险人分担一部分或全部的赔偿责任。

专家支招:

在再保险合同关系中,再保险接受人只对再保险分出人负责,投保人、被保险人或者受益人只是同原保险人发生法律关系,投保人向原保险人交付保险费,原保险人向再保险接受人交付保险费,再保险接受人不得也无权向原保险的投保人要求支付保险费。在保险事故发生后,原保险的被保险人或者受益人只能向原保险人请求履行保险金赔偿或者给付义务,不得向再保险接受人提出赔偿或者给付保险金的请求。原保险人根据原保险合同的约定履行赔付义务后,可以根据再保险合同,请求再保险接受人赔偿或者给付保险金。再保险分出人不得以再保险接受人未履行再保险责任为由,拒绝履行或者迟延履行其原保险责任。对此,《保险法》第 29 条规定:"再保险接受人不得向原保险的投保人要求支付保险费。原保险的被保险人或者受益人不得向再保险接受人提出赔偿或者给付保险金的请求。再保险分出人不得以再保险接受人未履行再保险责任为由,拒绝履行或者迟延履行其原保险责任。"

35.保险标的全部毁损,保险合同是否终止?

案例:

李某用积攒多年的 2 万元钱在家乡盖了两间瓦房,将父母接来居住。由于李某家乡地处山区,经常发生洪灾,李某便投保了房屋水灾险。不久,李某家发生火灾,房屋坍塌尽毁。李某请求保险公司赔偿。保险公司认为火灾并非保险合同中规定的保险事故,因此不予赔偿,同时又以保险标的已经灭失为由提出终止保险合同。问:这种情况下保险公司能终止保险合同吗?

专家解析:

本案涉及的是保险标的灭失或者全部毁损,保险合同能否终止的问题。保险合同终止又称保险合同的消灭,是指保险合同双方当事人的权利和义务在客观上不复存在,即合同失去法律效力。通常情况下,保险合同期限届满时保险合同终止,这是保险合同最普遍、最基本的终止方式。保险合同的有效期间是保险合同双方当事人约定的保险期间,在该期间内,投保人的财产或财产利益受到保险保障,保险人承担保险责任,保险期限届满的,保险人不再承担保险责任。保险合同终止的法律后果不溯及既往,而只对将来失去效力。除期满外,保险合同也会因保险标的灭失或者全部毁损而终止。财产保险合同中保险标的因保险事故以外的原因而使保险标的不复存在,即保险标的全损,保险合同终止。如本案中李某投保水险的房屋因火灾而全部坍塌,由于火灾并非保险合同规定的保险事故,因此,保险公司不承担保险责任,但由于作为保险标的的房屋已不复存在,所有保险合同也应当终止。应当注意的是如果保险房屋部分损失的,保险公司不能终止保险合同。

专家支招:

　　保险合同终止,还包括以下几种情形:(1)保险人履行了全部赔偿或给付义务。保险合同规定的主要义务是保险人的赔偿或给付义务,在保险事故发生并造成保险标的全部损失后,保险人按合同规定赔付保险金。保险人的赔付义务履行完毕后,不论保险合同期限是否届满,保险人不再承担保险义务,保险合同终止。(2)保险合同当事人行使终止权。保险标的因保险事故的发生而造成部分损失的,保险人按照合同的规定承担部分损害赔偿责任的,保险合同并不因保险人履行部分赔偿义务而终止,保险人仍然对保险标的没有受到损害的部分继续承担保险责任。但在这种情况下,合同当事人可以终止保险合同。根据保险法的有规定,保险标的发生部分损失的,在保险人赔偿后30天内,投保人如果认为没有继续保险的必要,可以终止合同。除合同约定不能终止合同的以外,保险人也可以终止合同。保险人中止合同的,应当提前15日通知投保人,并将投保标的未受损部分的保险费,扣除自保险责任开始至日起至终止合同之日止期间的应收部分后,退还投保人。(3)合同因法定情况的出现而终止。保险法规定的保险合同终止的法定情况主要是由于投保人、保险人、受益人等的故意或过失所致,保险人因此而不承担保险责任。具体为:①在保险合同的有效期内,投保人不在缴纳保险费,导致合同中止;②被保险人没有按照合同约定及时将保险标的风险增加通知保险人,因保险标的风险增加通知而发生的保险事故,保险人不承担赔偿责任,保险合同终止;③投保人、受益人故意造成被保险人死亡、伤残或疾病的,保险人不承担给付保险金责任,保险合同终止;④以死亡为给付保险金条件的人身保险合同,被保险人自杀,保险人不承担给付保险金责任,保险合同终止;⑤人身保险合同的被保险人故意犯罪而使自己伤残或死亡,保险人不承担给付保险金责,保险合同终止。(4)保险合同因解除而终止。在保险合同订立后,由于客观情况发生变化,使保险合同无法履行或不必要履行时,保险合同当事人就可以依法解除合同。保险合同依法解除的,保险合同终止。

36.投保人、保险人是否都可以解除保险合同?

案例:

姚某通过保险代理人为自己购买了一份长期寿险。根据合同约定,保险期限为被保险人终身,缴费方式为 20 年,每年应缴保费 3500元。姚某按照合同约定支付了一年的保险费后,由于生活发生变故,无力继续支付保费,遂向保险代理人提出退保。保险代理人称:如果退保就相当于解除保险合同,该保险合同中没有关于投保人是否可以解除保险合同的约定,通常情况下这种长期寿险投保人应当在缴纳保险费满两年后才能解除保险合同。姚某不解,认为该保险合同中有关于保险人解除保险合同的权利规定,从权利对等的角度讲,投保人也应当有解除保险合同的权利。问:投保人、保险人是否都具有解除保险合同的权利?

专家解析:

保险合同的解除是指在保险合同关系有效期尚未届满前,当事人依法提前终止合同的法律行为。保险合同依法成立后,对双方当事人都有法律约束力,双方当事人必须按照合同约定履行自己承担的义务,任何一方都不得擅自变更或解除依法成立的合同。但在保险合同订立后,如果客观情况发生变化,致保险合同无法履行或不必要履行时,当事人可以依法解除合同。《保险法》第15条规定:"除本法另有规定或者保险合同另有约定外,保险合同成立后,投保人可以解除合同,保险人不得解除合同。"这一规定说明了保险合同解除有两种情况,一是投保人解除保险合同,二是保险人解除保险合同。可见,投保人、保险人都具有解除保险合同的权利。通常情况下,在不违反保险法和保险合同约定的情况下,投保人有权根据自己的意愿解除保险合同。对于投保人不得解除合同的情形,如《保险法》第50规定:"货物运输保险合同和运输工具航程保险合同,保险责任开始后,合同当事人不得解除合同。"但是,保险人不能任意解除保险合同,只有在符合法律规定的条件或保险合同约定的条件下,才可以解除合同。保险法规定,投保人或被保险人有下述行为之一的,保险人有权解除保险合同:一是投保人故意或者因重大过失未如实告知保险标的或者被保险人的有关情况,足以影响保险人决定是否同意承保或者提高保险费率的,但保险人在合同订立时已经知道投保人未如实告知的情况的,保险人不得解除合同。该合同解除权,自保险人知道有解除事由之日起,超过30日不行使而消灭。自合同成立之日起超过2年的,保险人不得解除合同;发生保险事故的,保险人应当承担赔偿或者给付保险金的责任。二是被保险人或者受益人在未发生保险事故的情况下,谎称发生了保险事故,向保险人提出赔偿或者给付保险金请求的。三是投保人、被保险人故意制造保险事故的。四是投保人、被保险人未按照约定履行其对保险标的的安全应尽的责任的。五是在合同有效期内,保险标的因转让而危险程度增加的,被保险人未及时通知保险人的。六是投保人申报的被保险人年龄不真实,并且其真实年龄不符合合同约定的年龄限制的,但合同成立后逾期2年的除外。七是保险标的发生部分损失,保险人履行了赔偿责任的,但合同另有约定的除外。

专家支招：

本案的寿险合同规定了保险人有解除保险合同的权利，而未对投保人解除合同的权利作约定，显然是双方当事人权利不对等。由于合同对投保人是否有权解除保险合同未作任何约定，可视为投保人解除保险合同的权利不受任何限制，只要是符合法律规定，既可以根据《保险法》第15条规定行使合同解除权。但是，对于姚某来说应当注意的是，长期寿险的特点是时间越长享受的保障就越多。该险种第一年度的保单现金价值极少，甚至为零，如果退保的话，退保手续费等于所缴的保险费，这时投保人有可能一分钱也得不到。第二年度的保单现金价值为所缴保费的20%左右，如果退保，保险公司将扣除保户所缴保费的80%作为退保手续费。所以，姚某如果要退保，最好选择在两年以后，这样可以获得最大的利益。而保险代理人所谓的长期寿险投保人应当在缴纳保险费满两年后才能解除保险合同的说法是不准确的。

37.人身保险有哪些种类？

案例：

张某在银行办理业务时，保险代理人员向其推荐年金保险和两全保险两款寿险，并强调投保人身保险的诸多好处。张某有意购买，但苦于对人身保险了解不多。张某想知道什么是人身保险？都有哪些种类的人身保险可供选择？

专家解析：

《保险法》第12条第3款规定，人身保险是以人的寿命和身体为保险标的的保险。当被保险人的生命或身体因意外事故、意外灾难、疾病、衰老等原因，以致死亡、残废或丧失劳动能力，或年迈退休，或保险期满时生存,保险人按照保险合同的约定,向被保险人或受益人给付保险金。要想详细了解人身保险，可以从人身保险的以下特征入手：
(1)人身保险是一种给付性质的保险,只要发生合同订明的事故或达到合同约定的期限,保险人都要给付保险金,而不管被保险人是否有损失或虽有损失但已从其他途径得到补偿。(2)人身保险的保险金具有定额给付性质,在发生保险事故时,保险人按照合同约定的金额给付。保险金额在订立保险合同时,由保险人和被保险人根据被保险人的经济收入水平和危险发生后经济补偿的需求协商确定。(3)投保人所缴纳的保险费，保险人最终将以各种形式返还给被保险人或受益人。(4)人身保险具有长期性,保险有效期往往可以持续几年或几十年或终身。(5)人身保险承保的危险具有稳定性和有规律变动性。(6)人身保险只要求在合同订立时,投保人对被保险人有可保利益,没有金额上的限制。(7)人身保险是一种储蓄和投资手段。人身保险基金实际上属于被保险人所共有,保险人只起着金融管理机构的作用,投保人每期交少量固定保险费,若干年后保险期满,加上利息,被保险人或受益人可以获得一笔可观的保险给付,因此,对投保人来说,相当于零存整取的定期储蓄。

专家支招：

投保人要选择人身保险，首先应当对人身保险的种类作必要的了解。保险人身保险依据不同标准可作不同种类的划分。张某欲购买的是人寿险,这是依据保险责任划分出的一种人身保险。人寿保险也称生命保险,是以人的寿命作为保险标的,以被保险人生存一定期限或者在一定期限内死亡为保险事故,由保险人向被保险人或者受益人承担给付约定保险金责任的一种人身保险。人寿保险属于典型的给付性保险,只要发生了保险合同中约定的保险事故,保险人就应当按照约定承担给付保险金的责任。人寿保险按保险责任分为定期寿险、终身寿险、两全保险、年金保险。定期寿险指以死亡为给付保险金条件,且保险期限为固定年限的人寿保险。终身寿险指以死亡为给付保险金条件,且保险期限为终身的人寿保险。两全保险指在保险期间内以死亡或生存为给付保险金条件的人寿保险。年金保险指以生存为给付保险金条件,按约定分期给付生存保险金,且分期给付生存保险金的间隔不超过1年(含1年)的人寿保险。

除人寿保险外,人身保险还包括健康保险和意外伤害保险。健康保险是指以人的身体为保险对象,保证被保险人在疾病或意外事故所致伤害时的费用支出或损失获得补偿的一种人身保险。健康保险可以单独承保,也可以作为人寿保险或意外伤害保险的附加责任险。按保险责任,健康保险分为疾病保险、医疗保险、收入保障保险。疾病保险指以疾病为给付保险金条件的保险。医疗保险指以约定的医疗费用为给付保险金条件的保险。收入保障保险指以因意外伤害、疾病导致收入中断或减少为给付保险金条件的保险。意外伤害保险是指以被保险人因在保险期限内遭受意外伤害而造成死亡或残疾为保险事故的一种人身保险。所谓意外伤害是指被保险人没有预见或与被保险人意愿相悖的情况下,突然发生的外来致害被害人身体的客观事实。意外伤害保险可以单独承保,也可以作为人寿保险的附加责任险。

38.投保人是否必须对被保险人具有保险利益?

案例:

2000年10月,张某(男)与林某结婚,婚后生有一子张齐。2005年3月张某、林某离婚,张齐由林某抚养。2011年4月,张某与黄某结婚。黄某非常喜欢张齐,加之自己不能生育便经常将张齐接到家中同住,但并未办理收养手续。2012年4月,黄某以被投保人母亲的名义为张齐投保了人身保险,指定受益人为张某。2012年12月,张某、黄某带张齐外出度假时遭遇车祸,张齐丧生。黄某向保险公司索赔时,被以不具有保险利益为由拒绝赔偿。黄某向人民法院提起诉讼。请问:投保人是否必须对被保险人具有保险利益？黄某对张齐是否具有保险利益？

专家解析：

《保险法》第12条第6款规定，保险利益是指投保人或者被保险人对保险标的具有的法律上承认的利益。保险利益必须是可保利益，即是投保人和受益人对保险标的具有法定利害关系以及由此涉及的经济利益。保险利益是保险合同成立的基本要素。《保险法》第12条第1款、第2款规定，人身保险的投保人在保险合同订立时，对被保险人应当具有保险利益。财产保险的被保险人在保险事故发生时，对保险标的应当具有保险利益。因此，无论是人身保险，还是财产保险，当事人签订的保险合同必须以保险利益的存在为前提，否则保险合同不具有法律效力。这样既可以防止保险当事人的投机，也可以避免当事人为了骗取保险赔付不惜违反法律而产生不道德危险。可见，本案中的黄某若为张齐购买人身保险，应当对张齐具有投保利益。

专家支招：

本案中，判断黄某是否对张齐具有保险利益，应当从人身保险的保险利益必须具备的构成要件上来考虑。一是投保人与被保险人之间必须有利害关系，包括财产上的利害关系和人身上的利害关系。如，投保人对于自己的配偶、子女、父母因有人身上的利害关系而对他们具有保险利益。二是投保人对被保险人的利害关系必须是合法的利益。如，非法同居关系不为法律所认可，因此投保人即不得以同居对象为保险人以具有保险利益为由投死亡保险。只有同时具备上述两个条件，才可视为具有投保利益。而黄某虽然已与张某结婚，但与张齐之间没有形成法律认可的收养关系，并非张齐的法定代理人，也就是说与张齐不具有人身上的利害关系，因此对张齐不具有保险利益。对于这样的保险合同，人民法院应当认定其无效。根据《最高人民法院关于适用〈中华人民共和国保险法〉若干问题的解释（二）》规定，人身保险中，因投保人对被保险人不具有保险利益导致保险合同无效，投保人主张保险人退还扣减相应手续费后的保险费的,人民法院应当予以支持。

39.投保人对哪些人具有人身上的保险利益?

案例:

　　杨某看到别人购买保险并获益后也准备购买。由于无儿无女,也没有任何亲人,杨某便询问保险公司是否可以为自己购买人身保险合同。保险公司解释为杨某对自己具有人身上的保险利益,可以以自己为被保险人购买人身保险。问:投保人对哪些人具有人身上的保险利益?

专家解析:

　　订立人身保险合同时,投保人对被保险人应当具有保险利益,否则保险合同无效。因此,投保人只能以哪些自己对其具有保险利益的人为被保险人订立人身保险合同。根据《保险法》第31条规定,投保人对下列人员具有人身上的保险利益:(1)本人。投保人在任何情况下都对自己的身体或者生命具有保险利益。(2)配偶、子女、父母。投保人对自己配偶、子女、父母具有保险利益的依据来源于婚姻法的有关规定,即夫妻有互相扶养的义务,一方不履行扶养义务时,需要抚养的一方有要求对方给付扶养费的权利;父母对子女有抚养教育的义务,子女对父母有赡养扶助的义务,父母不履行抚养义务时,未成年的或不能独立生活的子女,有要求父母给付抚养费的权利。子女不履行赡养义务时,无劳动能力的或生活困难的父母有要求子女给付赡养费的权利。(3)与投保人有抚养、赡养或者扶养关系的家庭其他成员、近亲属。投保人对与自己有抚养、赡养或者抚养关系的家庭其他成员、近亲属具有保险利益的依据同样来自源婚姻法的有关规定,即有抚养能力的祖父母、外祖父母,对于父母已经死亡或父母无能力抚养的未成年的孙子女、外孙子女有抚养的义务。有负担能力的孙子女、外孙子女,对与子女已经死亡或子女无能力赡养的祖父母、外祖父母有赡养的义务。有负担能力的兄、姐对于父母已经死亡或父母无抚养能力的未成年的弟、妹有抚养的义务。由兄、姐抚养长大的有负担能力的弟、妹,对于缺乏劳动能力的又缺乏生活来源的兄、姐有扶养的义务。(4)与投保人有劳动关系的劳动者。其情形主要有:法人对其成员,雇主对其雇员等。(5)被保险人同意投保人为其订立人身保险合同的,视为投保人对被保险人具有保险利益。

专家支招:

本案中,杨某完全可以本人为被保险人购买保险合同,并可以指定保险受益人为自己或者其他人。由于没有任何亲属,杨某如果要以他人为被投保人的,只要经过被投保人同意,即可视为对被投保人具有保险利益。这种情况主要有:债权人对其债务人,共有人对其财产管理人,保险人对其主债务人等。

40.投保人申报的被保险人年龄不真实会导致怎样的后果?

案例:

田某以其母亲郑某为被保险人与保险公司订立一份人身保险合同,指定受益人为田某的儿子王某。在填写郑某的年龄时,田某误将63岁写成60岁,保险费用也因此降低了1500元。之后,郑某因病住院治疗。田某申请理赔时,保险公司发现了问题,于是以投保人申报的被保险人年龄不真实为由,拒绝赔偿。田某向保险公司说明年龄差错属于误报,并表示愿意补缴因此而少支付的所有保险费用。但保险公司坚持要解除保险合同。田某无奈,向人民法院提起诉讼。问:投保人申报的被保险人年龄不真实的会导致怎样的后果?

专家解析：

保险活动中保险人与投保人都应当讲信用，恪守诺言，诚实不欺，在追求自己利益的同时不损害他人和社会利益。《保险法》第16条第1、2款规定："订立保险合同，保险人就保险标的或者被保险人的有关情况提出询问的，投保人应当如实告知。投保人故意或者因重大过失未履行前款规定的如实告知义务，足以影响保险人决定是否同意承保或者提高保险费率的，保险人有权解除合同。"这一规定表明，保险法对保险合同的诚信程度要求特别高，投保人必须如实履行告知和风险增加通知义务。保险人主要是根据投保人对保险标的的告知和保证来决定是否承保以及保险费率的高低。如果投保人不如实告知，就可能导致保险人判断失误或者受骗上当，甚至可能使保险变成赌博。因此，该条第4、5款进一步规定，投保人故意不履行如实告知义务的，保险人对于合同解除前发生的保险事故，不承担赔偿或者给付保险金的责任；投保人因重大过失未履行如实告知义务，对保险事故的发生有严重影响的，保险人对于合同解除前发生的保险事故，不承担赔偿或者给付保险金的责任。可见，本案中的田某虽因过失未如实申报被保险人的年龄，但这一误报如果对保险事故的发生会产生严重影响的，保险公司不承担赔偿责任。但保险公司在合同订立时如果已经知道田某未如实申报被保险人年龄的，不得解除合同；发生保险事故的，则应当承担赔偿责任。

专家支招：

有些人身保险对被投保人的年龄有严格限制或要求，因此，投保人在购买保险时应当十分注意保险合同中对被保险人年龄的要求并如实申报，以免给自己带来损失和不必要的麻烦。根据《保险法》第32条规定，投保人申报的被保险人年龄不真实的应当作如下处理：(1)投保人申报的被保险人年龄不真实，并且其真实年龄不符合合同约定的年龄限制的，保险人可以解除合同，并按照合同约定退还保险单的现金价值。保险人的合同解除权,自保险人知道有解除事由之日起,超过 30 日不行使而消灭。自合同成立之日起超过 2 年的,保险人不得解除合同;发生保险事故的,保险人应当承担赔偿或者给付保险金的责任。保险人在合同订立时已经知道投保人未如实告知的情况的,保险人不得解除合同;发生保险事故的,保险人应当承担赔偿或者给付保险金的责任。(2)投保人申报的被保险人年龄不真实,致使投保人支付的保险费少于应付保险费的, 保险人有权更正并要求投保人补交保险费,或者在给付保险金时按照实付保险费与应付保险费的比例支付。(3)投保人申报的被保险人年龄不真实,致使投保人支付的保险费多于应付保险费的,保险人应当将多收的保险费退还投保人。如果因投保人申报的被保险人年龄不真实而引起诉讼的,人民法院应当依照上述规定处理。

41.能否为无民事行为能力的人投保死亡保险?

案例:

　　马某与秦某婚后近 20 年才喜得一子。正当他们沉浸在无比的幸福与喜悦之中时,秦某患上癌症。在他们的儿子长到 8 岁时,秦某过世。马某一人照料儿子力不从心,又担心儿子有什么闪失,决定为儿子投保死亡保险。但保险公司拒绝为马某办理保险,理由是马某的儿子没有民事行为能力。问:投保人是否能为无行为能力的被保险人投保死亡保险?

专家解析:

　　死亡保险是指以被保险人的死亡为保险事故,在保险事故发生时由保险人给付保险金的保险。为了防范道德危险的发生,保险法对投保以死亡为给付保险金条件的人身保险有限制性规定,如《保险法》第

33条规定:"投保人不得为无民事行为能力人投保以死亡为给付保险金条件的人身保险,保险人也不得承保。父母为其未成年子女投保的人身保险,不受前款规定限制。但是,因被保险人死亡给付的保险金总和不得超过国务院保险监督管理机构规定的限额。"这一规定表明,保险法对投保死亡保险的被保险人的资格有明确的限制,被保险人不得为无民事行为能力人。所谓无民事行为能力人是指不具有以自己独立的意思表示进行民事行为能力的自然人。我国《民法通则》第12条规定,不满10周岁的未成年人和不能辨认自己行为的精神病人是无民事行为能力人。一般情况下,以死亡为给附条件的保险中,被保险人只能是完全民事行为能力人或者限制民事行为能力人,因此,投保人不得为无民事行为能力人投保以死亡为给付保险金条件的人身保险,保险人也不得承保。但是,这一情况也有例外,即父母可以为其未成年子女投保以死亡为给付保险金条件的人身保险,尽管子女因未成年而不具有民事行为能力,却不受不得投保的限制,但要受到其他的相关限制,如被保险人死亡给付的保险金总和不得超过国务院保险监督管理机构规定的限额。本案中,马某的儿子虽然只有8岁,属于无民事行为能力人,但由于与马某具有父子关系,因此,马某可以为其投保死亡保险。

专家支招:

对于投保人来说,为了保证投保的有效性,投保死亡保险时除了要避免为不具备被保险人资格的人投保外,还应当注意死亡保险对保险金总额、保险合同成立和保险合同转让等都有限制。(1)保险金总额的限制。父母为其未成年子女投保以死亡为给付保险金条件的人身保险,因被保险人死亡给付的保险金总和不得超过国务院保险监督管理机构规定的限额。限制保险金额的目的是使投保人及其他任何人都不得因未成年人发生死亡保险事故而谋取经济上的利益。(2)保险合同成立的限制。以死亡为给付保险金条件的合同,未经被保险人同意并认可保险金额的,合同无效。但父母为其未成年子女投保的人身保险的除外,即不需要被保险人同意并认可保险金额。(3)保险合同转让的限制。按照以死亡为给付保险金条件的合同所签发的保险单,未经被保险人书面同意,不得转让或者质押。

42.人身保险的保险费应当如何支付?

案例:

保险代理人员向任某推荐一款人身保险。任某在详细了解了该保险的内容后,认为还不错,比较适合自己当前的实际需要,只是合同要求保险费用需要一次性全部支付,自己一下子拿出这笔不低的保险费用有些困难。任某提出分期支付保险费用,但保险代理人员称人身保险的保险费用都是一次性全部支付。问:人身保险的保险费用只能一次性全不支付吗?

专家解析:

人身保险合同成立后,投保人就承担了支付保险费的义务。保险费如何支付是保险费的支付方式问题。对此,《保险法》第35条规定:"投保人可以按照合同约定向保险人一次支付全部保险费或者分期支付保险费。"根据这一规定,保险费的支付方式有一次性全部支付和分期支付两种方式。投保人可以将需要支付的全部保险费一次性支付,也可以按照合同约定的期限分期支付。可见,本案中保险代理人员的人身保险的保险费用都是一次性全部支付的说法不正确。

专家支招:

人身保险采用哪种方式支付保险费用,可以由投保人和保险人在保险合同中加以约定。任某如果购买此款人身保险,不愿一次性支付全部保险费用的话,应当与保险人进行协商,在保险合同中约定以分期支付的方式支付保险费用。此外,对保险费的支付期限、数额等也可以与保险人在保险合同中进行约定。

43.欠缴保险费导致保险合同效力中止的怎么办?

案例:

郝某购买了一份人身保险,期限为 5 年。保险合同中约定保险费分期支付。之后的 4 年间,郝某均按照合同约定支付了保险费用。在最后一期保险费支付期限届满前夕,郝某家中出现严重经济困难,无力继续支付保险费用。由于郝某未按期缴纳保险费,保险公司向其催缴,并给了 30 日的宽限期。可是,直至 30 日的宽限期届满,郝某也未能支付保险费,并被告知保险合同效力中止。问:什么是保险合同效力中止? 因欠缴保险费导致保险合同效力中止的该怎么办?

专家解析:

保险合同效力中止是指因出现某种事由而使合同的效力结束,投保人与保险人之间的权利义务关系不复存在。保险合同效力中止一般是人身保险合同中投保人欠缴保险费而导致的。特别是在分期交付保险费的人身保险合同中,投保人在支付首期保险费后,因没有在法律规定的期限内交付当期保险费会导致保险合同效力中止。对此,《保险法》第 36 条规定:"合同约定分期支付保险费,投保人支付首期保险费后,除合同另有约定外,投保人自保险人催告之日起超过 30 日未支付当期保险费,或者超过约定的期限 60 日未支付当期保险费的,合同效力中止,或者由保险人按照合同约定的条件减少保险金额。被保险人在前款规定期限内发生保险事故的,保险人应当按照合同约定给付保险金,但可以扣减欠交的保险费。"从这一规定可以看出欠缴保险费的法律后果。人身保险合同约定分期支付保险费的,适用宽限期间规定。如果投保人未按规定日期支付续期保险费的,一般给予一定的期间作为宽限期间,即保险人催告的为自催告之日起不超过 30 日,或者是超过约定的期限 60 日。在宽限期内,即使投保人未缴续期保险费,保险合同仍具有效力,发生保险事故的,保险人仍负保险责任,但可以从保险金中扣除应交而未交的保险费;超过宽限期仍未支付当期保险费的,保险事故发生后,合同效力中止即暂时处于停止状态,或者保险人可以按照合同约定的条件减少保险金额,并可以扣减欠交的保险费。

专家支招:

从本案看,郝某的人身保险合同因欠缴保险费而效力中止。郝某可以通过保险合同复效的方式恢复保险合同的效力。保险合同复效是指保险合同在其效力中止后因法定或约定原因而恢复法律效力的情况,恢复后的合同是恢复前合同的继续。对此,《保险法》第 37 条规定:"合同效力依照本法第 36 条规定中止的,经保险人与投保人协商并达成协议,在投保人补交保险费后,合同效力恢复。但是,自合同效力中止之日起满二年双方未达成协议的,保险人有权解除合同。保险人依照前款规定解除合同的,应当按照合同约定退还保险单的现金价值。"可见,保险合同复效的法律后果表现为保险合同自复效之时起恢复法律效力,直至合同期限届满。保险合同复效应当具备一定的条件:(1)保险人与投保人双方必须达成协议。具体为:由投保人提出复效申请,保险人进行审核后同意复效的,即视为达成协议。(2)投保人提出复效申请时仍符合投保条件。(3)投保人必须补交保险费及其利息。(4)投保人应当自合同失效后 2 年内申请复效,并与保险人达成协议,否则保险合同的效力不得恢复,保险人有权解除该保险合同关系,并按照合同约定只退还保险单的现金价值。超过 2 年的复效期间,保险人如果愿意接受投保人复效申请的,不受限制。

44.保险人给付保险金后是否享有向第三者追偿的权利?

案例:

A 公司与 B 公司订立仓储保管合同,将 A 公司的一批木材存放于 B 公司的仓库内。由于 B 公司仓库电路年久失修发生短路,引发的大火将库内存放的 A 公司的木材全部被烧毁,损失达 13 万元,同时也将正在仓库内作业的 B 公司职工由某大面积烧伤。由某半年前曾向甲保险公司投保了意外伤害保险,保险期限为 1 年,保险金额为 2 万元。A 公司三个月前也曾向乙保险公司投保企业财产保险(包括存放于仓库内的货物),保险期限为 2 年,保险金额为 3 万元。事故发生后,由某和 A 公司分别向甲、乙保险公司提出理赔。两家保险公司分别按照合同规定给付由某 2 万元,赔偿 A 公司 13 万元。之后,两家保险公司分别向 B 公司提出追偿要求,但遭到拒赔,于是向人民法院提起诉讼。问:保险人给付保险金后是否有权向第三者追偿?

专家解析:

保险人给付保险金后向第三者追偿是保险人行使代位求偿权。人身保险的保险人没有代位求偿权,财产保险的保险人有代位求偿的权利。也就是说代位求偿权只存在于财产保险中。人身保险事故发生后,保险人按照合同规定给付保险金后,无权代表受害人向致人伤害的第三者追偿,即人身保险中保险人不享有代位求偿权。对此,《保险法》第 46 条规定,被保险人因第三者的行为而发生死亡、伤残或者疾病等保险事故的,保险人向被保险人或者受益人给付保险金后,不享有向第三者追偿的权利,但被保险人或者受益人仍有权向第三者请求赔偿。保险法作这样的规定是因为人身保险的标的是被保险人的寿命和身体,而寿命和身体遭受侵害所产生的对第三人的请求权具有身份上的专属性,只能由具有一定身份关系的人行使,其他人不能代位行使。此外,人的生命是无法用一定数额金钱来衡量的,所以,当保险事故发生时,保险人支付保险金只是在履行合同约定的给付义务,给付的保险金并不具有财产保险合同中补偿财产实际损失的性质,也不存在实际损失低于或高于保险金额的问题。

专家支招:

　　本案中,甲保险公司承保的是由某的人身保险,在给付了由某2万元保险金后,不能取得代位求偿权。但由某获得保险金后,依旧可以根据自己的伤势对B公司追偿,B公司应当承担赔偿责任。乙保险公司承保的是财产保险,赔付A公司之后即自动取得向B公司追偿的权利。

45.人身保险中的被保险人或者受益人获得保险理赔后是否还有权向第三者请求赔偿?

案例:

　　(同44)。问:由某获得保险公司给付的保险金后,是否还有权利向B公司请求赔偿?

专家解析:

　　人身保险中会发生因第三者的行为造成被保险人死亡、伤残或者疾病等保险事故,涉及到被保险人或者受益人获得保险理赔后,是否还享有向第三者请求赔偿的问题。对此,《保险法》第46条规定:"被保险人因第三者的行为而发生死亡、伤残或者疾病等保险事故的,保险人向被保险人或者受益人给付保险金后,不享有向第三者追偿的权利,但被保险人或者受益人仍有权向第三者请求赔偿。"这一规定表明,被保险人或者受益人在获得保险金后,仍然有权请求第三者赔偿。一旦人身保险的被保险人遭受第三者侵害而发生人身保险事故,被保险人或者受益人在获得保险人给付的保险金后,还可以向造成被保人死亡、伤残或者疾病等保险事故的第三者请求赔偿。

专家支招：

　　由某向 B 公司行使追偿权时应当注意，不管从 B 公司那里获得多少赔偿金，都不必向甲保险公司退还保险金。也就是说，人身保险中的被保险人或者受益人从保险人处获得保险金和从有责任的第三者处获得赔偿，都是法律所允许的，不应当将其视为获得双重赔偿。

46.人身保险的保险金能作为被保险人的遗产吗?

案例：

　　2012 年 3 月，姚某为自己和妻子投保终身保险，保险金额各为 10 万元，指定儿子姚某某为唯一受益人。当年 7 月，姚某与妻子因车祸双双身亡。案发后，保险公司认可姚某与保险公司之间的保险合同效力，准备向姚某某支付首期 20 万元死亡保险金时，姚某的母亲孟某要求保险公司将保险金作为姚某的遗产，依照继承法的规定履行给付义务。在遭到拒绝后，孟某将保险公司起诉到人民法院。问：人身保险的保险金是否能作为被保险人的遗产？

专家解析：

　　根据《保险法》第 42 条规定，被保险人死亡后，有下列情形之一的，保险金作为被保险人的遗产，由保险人依照《中华人民共和国继承法》的规定履行给付保险金的义务：(1)没有指定受益人，或者受益人指定不明无法确定的。人身保险的受益人由被保险人或者投保人指定。投保人为与其有劳动关系的劳动者投保人身保险，不得指定被保险人及其近亲属以外的人为受益人。被保险人为无民事行为能力人或者限制民事行为能力人的，可以由其监护人指定受益人。如果没有指定受益人或者受益人指定不明无法确定的，保险人将保险金作为被保险人的遗产,依照继承法的规定履行给付保险金的义务。(2)受益人先于被保险人死亡,没有其他受益人的。投保人指定受益人时须经被保险人同意。如果被保险人和受益人在同一起事故中死亡无法确定先后死亡顺序的,实际情况有两种可能,即被保险人先死亡和受益人先死亡。如果被保险人先死亡,则受益人按合同约定取得保险金,然后该保险金作为自己的遗产由其继承人继承;如果受益人先死亡,又没有其他受益人的,保险人将保险金作为被保险人的遗产,依照继承法的规定履行给付保险金的义务。受益人与被保险人在同一事件中死亡,且不能确定死亡先后顺序的,推定受益人死亡在先。(3)受益人依法丧失受益权或者放弃受益权,没有其他受益人的。受益人故意造成被保险人死亡、伤残、疾病的,或者故意杀害被保险人未遂的,丧失受益权。如果受益人依法丧失受益权或者放弃受益权,又没有其他受益人的,保险人将保险金作为被保险人的遗产,依照继承法的规定履行给付保险金的义务。

专家支招:

　　如果投保人或者被保险人投保时,在合同中明确指定受益人的,那么被指定的受益人就基于人身保险合同的约定产生收益权,所收益的死亡保险金不得作为被保险人的遗产。本案中,姚某已经指定了姚某某为人身保险的唯一指定受益人,因此,保险事故发生后,姚某某享有获得死亡保险金的权利,这笔死亡保险金也不得作为其父母的遗产处理,姚某的母亲孟某不得对此主张继承权利。孟某只能对姚某生前遗留的其他财产主张继承权。

47.被保险人自杀的,保险金如何给付?

案例:

　　孙某于 2010 年 5 月为自己的丈夫赵某购买了一份人寿保险。2012

年12月，赵某因工作中与他人发生矛盾想不开服药自杀。孙某将赵某自杀的事实及时通知了保险公司，并要求给付保险金。保险公司拒绝赔偿，理由是赵某因自杀导致死亡，不符合赔付保险金的条件。问：被保险人自杀的，保险公司是否承担给付保险金的责任？

专家解析：

《保险法》第44条规定："以被保险人死亡为给付保险金条件的合同，自合同成立或者合同效力恢复之日起二年内，被保险人自杀的，保险人不承担给付保险金的责任，但被保险人自杀时为无民事行为能力人的除外。保险人依照前款规定不承担给付保险金责任的，应当按照合同约定退还保险单的现金价值。"这一规定首先强调自杀必须是投保人在正常的情况下实施的，即自杀当时不是无民事行为能力，否则不构成本条的"自杀"，即如果被保险人自杀当时没有民事行为能力，就不是本条的自杀，保险公司仍应当赔偿。同时本条规定如果保险合同在履行期间中止然后效力恢复的，被保险人在效力回复后自杀的，两年的起算从保险合同效力回复时开始计算而不是从原合同成立时开始计算，这一方面降低了投保人或被保险人的道德风险，这其中的原理就与复效时保险公司要求投保人继续履行如实告知义务一样，毕竟保险合同中止期间被保险人发生什么样的变化，保险人并不清楚。这样规定也是强化被保险人的最大诚信原则。

专家支招：

本案中的被保险人赵某属于完全民事行为能力人，其自杀的时间是在保险合同成立后的2年内，因此保险公司不应当承担给付保险金的责任。不过，即使赵某在保险合同成立后的2年后自杀的，保险公司也并非一定要承担给付保险金的责任。因为保险法的规定并非强行性规定，允许当事人依据约定加以排除，当事人也可以在合同中约定，保险合同成立2年后被投保人自杀的，保险人是否承担给付保险金的责任。

48.哪些情况下人身保险中的保险人不承担给付保险金的责任?

案例:

某保险公司的人身意外险的保单规定如下:因下列情形之一,造成被保险人死亡、残疾的,本公司不负给付保险金责任:一、投保人、受益人对被保险人的故意杀害、伤害;二、被保险人故意犯罪或拒捕;三、被保险人殴斗!醉酒、自杀、故意自伤及服用、吸食、注射毒品;四、被保险人受酒精、毒品、管制药物的影响而导致的意外;五、被保险人酒后驾驶、无有效驾驶执照驾驶或驾驶无有效行驶证的机动交通工具;六、被保险人流产、分娩。发生以上情形,被保险人死亡的,本合同终止。本公司按约定退还未满期保险费。问:保险公司是否可以利用保单随意作出不给付保险金的规定?

专家解析:

赔偿或者给付保险金是保险人的义务。保险期间内如果没有发生保险事故,保险人无需实际履行给付保险金义务,此时无义务也无责任。如果发生保险事故,保险人要向被保险人或者受益人赔偿或者给付保险金。如果保险人没有按照约定给付保险金,则构成义务的违反,应当承担相应的违约责任。可以看出本案中的保单竭尽所能的将人身意外的风险尽可能多的列入免责条款中,以规避自己的责任,降低自己的成本。这是由于保险合同是一种格式合同,具有单方拟定的特性,保险公司作为一个盈利性机构,以利益最大化为追求目标,自然希望利用自己的强势地位订立一些有利于自己的合同内容。然而,《保险法》第 11 条规定:"订立保险合同,应当协商一致,遵循公平原则确定各方的权利和义务"。《保险法》第 19 条还规定:"采用保险人提供的格式条款订立的保险合同中的下列条款无效:(一)免除保险人依法应承担的义务或者加重投保人、被保险人责任的;(二)排除投保人、被保险人或者受益人依法享有的权利的。"这表明保险人不得在保险中利用自己的优势地位,随意免除自己的法定义务。

专家支招:

本案人身意外保险单中关于保险公司不负给付保险金责任的诸项规定是否属于保险人不承担给付保险金责任的情形,投保人、被保险人应当依据保险法的下列规定作出判断。不属于下列情形的,合同条款内容应当归于无效:

(1)根据《保险法》第 16 条规定,投保人故意不履行如实告知义务的,保险人对于合同解除前发生的保险事故,不承担赔偿或者给付保险金的责任,并不退还保险费。投保人因重大过失未履行如实告知义务,对保险事故的发生有严重影响的,保险人对于合同解除前发生的保险事故,不承担赔偿或者给付保险金的责任,但应当退还保险费。

(2)根据《保险法》第 21 条规定,投保人、被保险人或者受益人知道保险事故发生后,应当及时通知保险人。故意或者因重大过失未及时通知,致使保险事故的性质、原因、损失程度等难以确定的,保险人对无法确定的部分,不承担赔偿或者给付保险金的责任,但保险人通过其他途径已经及时知道或者应当及时知道保险事故发生的除外。

(3)根据《保险法》第 27 条规定,投保人、被保险人故意制造保险事故的,保险人有权解除合同,不承担赔偿或者给付保险金的责任;除本法第四十三条规定外,不退还保险费。保险事故发生后,投保人、被保险人或者受益人以伪造、变造的有关证明、资料或者其他证据,编造虚假的事故原因或者夸大损失程度的,保险人对其虚报的部分不承担赔偿或者给付保险金的责任。

(4)根据《保险法》第 43 条规定,投保人故意造成被保险人死亡、伤残或者疾病的,保险人不承担给付保险金的责任。如果投保人已经交足 2 年以上保险费的,保险人应当按照合同约定向其他权利人退还保险单的现金价值。

（5）根据《保险法》第44条规定，以被保险人死亡为给付保险金条件的合同，自合同成立或者合同效力恢复之日起2年内，被保险人自杀的，保险人不承担给付保险金的责任。但被保险人自杀时为无民事行为能力人的除外。保险人依照规定不承担给付保险金责任的，应当按照合同约定退还保险单的现金价值。

（6）根据《保险法》第45条规定，因被保险人故意犯罪或者抗拒依法采取的刑事强制措施导致其伤残或者死亡的，保险人不承担给付保险金的责任。如果投保人已交足2年以上保险费的，保险人应当按照合同约定退还保险单的现金价值。

49.什么是财产保险？财产保险有哪些种类？

案例：

陈某开办的一家小型砖厂，生产旺季时可雇佣上百工人。为了保证安全生产，避免风险带来巨大损失，陈某产生了购买保险的想法，并向保险公司咨询相关问题。经过仔细的斟酌，陈某购买了一款雇主责任保险。当被告知这款保险属于财产保险的一种时，陈某有些疑惑，认为自己是对雇工应负的民事赔偿责任投保，并非是对财产物资投保，怎么能属于财产保险呢。问：什么是财产保险？财产保险有哪些种类？

专家解析：

本案中陈某的疑惑是因对财产保险不十分了解产生的。财产保险有狭义和广义之分。狭义的财产保险仅指财产损失保险，它以各种具体的财产物资为保险标的。而广义的财产保险是指以财产及其有关利益为保险标的的保险，包括财产损失保险、责任保险、信用保证保险等。财产保险由于是以财产及其有关利益为保险标的的保险，所以也叫"物保险"、"产物保险"。财产保险的特点主要有：（1）财产保险的保险标的是财产及由财产所产生的有关利益。具体包括有形的物质财产、无形财产和损害赔偿权利。(2)财产保险是一种补偿性保险。由于财产保险主要以补偿财产的实际损失为目的,因此补偿性是其典型特点。财产保险严格贯彻"无损失即无保险"的原则,以赔偿保险标的的损失为直接目的,对保险危险事故给投保人或被保险人带来的经济损失予以填补,使之恢复到未受损失之前的状态。财产保险的这一特点决定了在财产保险中保险金额不得超过保险价值,超过的部分则为无效。(3)财产保险是以赔偿实际损失为原则的保险。当保险事故发生时,保险人以保险金额为限,按照保险标的的实际损失进行赔偿。可见,陈某投保的雇主责任保险是以其财产所产生的有关利益为保险标的保险,属于广义范畴的财产保险。

专家支招:

其实,作为一个生产经营者,陈某不仅可以投保投保雇主责任保险,还应当多了解其他种类的财产保险。由于可保财产种类繁多,因此财产保险的种类也很多。依据承保危险和保险标的的不同,一般将财产保险分类有形财产保险和无形财产保险两类。其中有形财产保险是以有形的物质财产(动产或不动产)作为保险标的的保险,如财产损失保险。财产损失保险是以投保人所有经营管理或与其他利益关系的房屋、船舶、货物等有形财产为保险标的的财产保险,包括企业财产保险、家庭财产保险、运输工具保险和货物运输保险以及火灾保险、船舶保险等。而无形财产保险是以无形的利益为保险标的的保险,如责任保险、保证保险、信用保险等。其中,责任保险是以被保险人对第三者依法应负的民事赔偿责任为保险标的的财产保险,包括第三者责任保险、公众责任保险、产品责任保险、雇主责任保险和职业责任保险等。信用保险是指保险人以被保险人在信用放款或信用赊销中因债务人未能如约履行债务偿还而遭受损失为保险标的财产保险合同,包括国内信用保险和出口信用保险。保证保险是由保险人为被保证人向权利人提供担保,当被保证人的行为或不行为给权利人造成经济损失,保险人承担赔偿责任的财产保险合同，包括诚实保证保险和确实保证保险。此外，农业保险也属于财产保险的一种，即保险人对农业生产者在从事种植业和养殖业生产过程中，因遭受责任灾害或意外事故所造成的损失负责赔偿的一种财产保险合同，包括种植业保险和养殖业保险。

50.财产保险中的保险标的与保险利益是怎样的关系？

案例：

张某出国定居前将在国内的一套房屋委托朋友蒋某长期保管。由于该房屋位于一木材厂附近，蒋某决定为该房屋投保火灾险。蒋某的妻子不解，认为房子是张某的，蒋某怎么能为不属于自己的房屋投保呢？蒋某解释说：投保人只要对保险标的具有保险利益就可以投保。这样一解释，蒋某的妻子更糊涂了：什么保险标的、保险利益，它们之间到底是什么关系？

专家解析：

财产保险的保险标的是指保险的对象，也就是保险事故可能损害的对象，具体是指投保人申请投保而由保险人承担风险的物质财富及其有关利益。如海上保险中的货物等。保险合同应当对保险标的有明确的约定，否则保险合同无法成立。不同的保险标的决定着保险合同的种类和性质。财产保险合同的标的可以为有形财产、无形财产、责任或者利益。

财产保险的保险利益是指投保人或者被保险人对保险标的具有的法律上承认的利益。财产保险的被保险人在保险事故发生时，对保险标的应当具有保险利益。保险利益具有以下特点：第一，必须是合法利益,亦即法律上承认的利益。如果投保人与保险人以法律禁止事项所生的利益或违背公序良俗的利益来订立保险合同,无论是否出于善意,保险合同均应无效。第二,必须是金钱利益。财产保险以填补损失为主要目的,如果保险事故造成的损失不能以金钱计算,即便有损失形成也无法填补,保险合同也难以被认为有效。第三,必须是确定利益。所谓确定利益是指被保险人或投保人对保险标的现有利益或因现有利益而产生的将来预期利益可以确定。保险标的必须在保险事故发生前或发生时能够确定它的价值,否则,即便遭受损失,保险方补偿多少也难以确定。珠宝、书画文物、账簿相册等不列为保险标的物,原因在于这些财产的价值无法确定。

专家支招:

投保人购买保险时,对保险标的和保险利益都应当十分明了,特别是对它们之间的关系应当有足够了解。因为保险标的与保险利益的关系十分密切,保险标的是保险利益的载体,保险利益因保险标的而产生,没有保险标的就不可能产生保险利益。它们之间的不同主要表现为:第一,保险标的是保险事故可能损害的对象,在保险合同中必须明确指明保险标的,以示保险人所承担的责任范围,它表现为具体的内容,如本案中蒋某负责保管的张某的房屋;而保险利益是投保人对保险标的所具有的合法的经济利益,表现为一种抽象的权利,如本案中蒋某对张某房屋的保管权利。第二,保险利益是保险合同成立的要素,每存在一种保险利益,即可成立一个保险合同,一个保险标的可能存在数个保险利益,即可订立数个保险合同;反之,一个保险利益涉及整个保险标的,则只能订立一个保险合同。但是,法律规定不能成为保险标的下列财产或者利益,保险人和投保人不得对之成立保险合同:(1)投保人、被保险人对之无保险利益的;(2)不存在危险的;(3)危险的发生在时间上和空间上都是确定的;(4)违反善良风俗和公共秩序的,如盗窃的物品、被保险人承担的行政责任和刑事责任等。

51.对不属于自己的财产是否可以投保?

❖ ❖ ❖

案例:

(同50)。问:蒋某对不属于自己的房屋是否可以投财产保险?

专家解析:

投保人对不属于自己的财产是否可以投保,关键是看投保人对保险标的是否具有保险利益。财产保险的被保险人在保险事故发生时,对保险标的应当具有保险利益。财产保险中的保险利益产生于投保人或被保险人与保险标的之间的经济关系,也就是投保人或被保险人因保险标的未发生风险事故而维持现有的利益,因保险标的遭受风险事故而使现有利益受到损失。如果投保人或被保险人对保险标的存在上述经济上的利害关系,则其对保险标的具有保险利益。《保险法》第12条第2款规定,财产保险的被保险人在保险事故发生时,对保险标的应当具有保险利益。也就是说,在财产保险中,只要被保险人在保险事故发生时对保险标的具有保险利益,保险公司就应承担保险责任,不因投保时被保险人对保险标的不具有保险利益而免除保险人的赔付责任。

专家支招:

本案中,蒋某为张某房屋的保管人,保管人对于所保管的物品在保管期限内具有保险利益,所以可以对其投保。如仓库经营者对其所保管的货物、运输经营者对其所运输的货物均可投保。除被保险人为财产保管人外,通常情况下,下列情形也可视为被保险人对保险标的具有保险利益:(1)被保险人为财产权利人的。凡是对财产享有法律上的权利的人,而无论这种权利是现在的还是将来的,均可认为其具有保险利益。如所有权人、抵押权人、留置权人等。(2)被保险人为财产占有人的。投保人或者被保险人基于占有的事实可对其占有物全额投保。如无因管理人对于所保管的标的物具有保险利益。(3)被保险人为合同当事人的。双方当事人因缔结合同而产生了一定利益,该利益受到损害必将影响一方当事人的权益,因此,当事人可以就合同的有关利益投保。应当注意的是,《保险法》第48条规定,保险事故发生时,被保险人对保险标的不具有保险利益的,不得向保险人请求赔偿保险金。也就是说,对于本案,发生保险事故时蒋某如果不再是房屋保管人的,对保险标的就不再具有保险利益,不享有保险金请求权,蒋某可以要求解除保险合同,并要求保险公司退还相应的保险费。

52.保险标的转让的,保险权益如何承继?

案例:

王某为自己的汽车在某保险公司投了两款保险,一个为责任限额为6万元的机动车交通事故责任强制保险,另一为赔偿限额为5万元的商业第三者责任险。在保险期间内,王某将该车卖给了张某。张某在购得该车后,未办理车辆过户手续,也未通知保险公司办理保险批改手续。购车一个月后,张某驾驶该车时与李某驾驶的无号牌二轮摩托相撞发生交通事故,造成李某跌地受伤、车辆损坏。事发后,李某提起损害赔偿民事诉讼,法院判决由某保险公司在交强险理赔限额内赔偿59200元,由张某赔偿59397.39元。张某赔付李某后,向保险公司提出第三者责任险理赔,但保险公司以未进行保险单批改手续为由拒赔。问:保险标的转让的,保险权益如何承继?

专家解析：

本案争议焦点在于保险标的转让后未通知保险公司进行批改手续，发生交通事故后，受让人对该车的商业第三者责任险是否享有保险利益，保险公司有无赔偿义务。通常情况下，财产保险合同生效后，保险标的转让的，应当视为财产保险合同的主体发生变化，原投保人退出保险，与保险人之间的保险关系相对消灭，随之引起保险权益发生一定的变化。《保险法》第 49 条第 1 款规定："保险标的转让的，保险标的的受让人承继被保险人的权利和义务。"这一规定表明，保险标的转让的，保险合同并不因此而当然失效，被保险人的权利和义务可以由保险标的的受让人承继。

专家支招：

受让人并不是取得标的所有权时就当然承继被保险人的权利和义务，承继的前提应当是原被保险人愿意将其享有的保险权利和义务转让给受让人。由于在财产保险中，投保人的主要义务是缴纳保险费，被保险人主要是享有发生保险事故后获得保险赔偿金的权利。因此，这种承继主要是权利的转让，即承继意味着原被保险人要放弃相应的权利，如解除保险合同，取得未到期部分的保险费等。如果投保人不愿意转让其权利义务，受让人就不能取得承继权利。因此，受让人在取得保险标的前应与被保险人就保险权利义务转让问题进行明确约定，如果原被保险人没有明确保险权利义务不承继的，则应当然视为承继。

应当注意的是，出现类似于本案保险标的转让情况时，被保险人或者受让人应当及时通知保险人，但货物运输保险合同和另有约定的合同除外。被保险人、受让人如果未履行通知义务，因转让导致保险标的危险程度显著增加而发生保险事故的，保险人不承担赔偿保险金的责任。因保险标的转让导致危险程度显著增加的，保险人自收到前款规定的通知之日起 30 日内，可以按照合同约定增加保险费或者解除合同。

53.保险标的的危险程度显著增加的,被保险人应当如何处理?

案例:

A公司为自己所有的财产投保,保险金额为500万元,保险期限为1年。保险成立后1个月,A公司与B公司订立一份加工合同,将自己生产的用于进一步加工的棉麻材料发往B公司。货物到达B公司后,B公司所在地开始持续高温,引起棉麻材料自燃,全部烧毁。火灾发生后,A公司向保险公司索赔。保险公司认定A公司在保险标的危险程度显著增加后没有尽到义务,因而拒绝赔偿。问:财产保险中保险标的危险程度显著增加时,被保险人应当如何处理?

专家解析:

保险标的危险程度显著增加的, 被保险人负有及时通知保险人的义务。对此,《保险法》第52条第1款规定:"在合同有效期内,保险标的的危险程度显著增加的, 被保险人应当按照合同约定及时通知保险人"。这里所说的保险危险是指按照保险合同的约定由保险人对投保人的财产所负责的风险,一旦发生此风险,由保险人对投保人予以赔偿,而无此风险则无保险。所谓危险增加是指订立保险合同时所未预料或估计到的危险可能性的增加,订立合同时已预料到的危险和危险事故发生过程中危险程度及因素的不断升级不在此列。判定危险增加的主要标准就是保险费率是否提高,如果应当增缴保险费,即属于危险增加,否则不属于危险增加。《保险法》第52条第2款规定:"被保险人未履行前款规定的通知义务的,因保险标的的危险程度显著增加而发生的保险事故,保险人不承担赔偿保险金的责任。"可见,本案中A公司由于在保险标的危险程度显著增加时未及时通知保险公司,对由此而引发保险事故的,无权向保险公司索赔。

专家支招：

　　为了能在发生损失后及时获得相应的保险赔偿，在保险标的危险程度显著增加时，被保险人应当按照以下要求履行危险增加的通知义务：(1)危险增加如果是投保人或被保险人的行为所致，应事先通知保险人。通知的具体时间、方式和范围可以由保险合同约定，投保人、被保险人、受让人应当按照合同约定履行通知义务。(2)危险增加并非投保人或被保险人的行为所致，应于知悉后一定时期内通知保险人。(3)被保险人履行了危险增加的通知义务后，保险方应根据法律规定或合同约定增收保险费或解除合同。保险方要求解除合同的，应当书面通知对方，并应退还未到期的保险费。(4)被保险人应履行而怠于履行危险增加的通知义务，除不可抗力的事故外，无论是否故意，即已构成保险人解除合同的原因，由此发生的保险事故，保险人不负赔偿责任。(5)被保险人履行危险增加的通知义务后，保险人未作任何意思表示的，视为默认，过一定时期则丧失主张解除合同及增加保险费的权利。

　　下列情况中，被保险人可不履行其通知义务：(1)损失的发生不影响保险人的负担，如危险已发生并正在进行中，损失已不可避免；(2)危险的增加与保险人无关，如投生存保险而死亡因素的增加；(3)正在发生的危险，如实为约定危险的开始而非危险的增加；(4)必将来临的危险，如山洪暴发；(5)为保护保险人的利益而导致的危险因素增加；(6)为履行道德义务而导致的危险因素增加。

54.保险标的的危险程度显著增加的，保险人可以做怎样的处理？

案例：

　　(同53)。问：财产保险中保险标的危险程度显著增加时，保险人可以做怎样的处理？

专家解析：

　　保险标的的危险程度显著增加，包括因保险标的转让导致危险程度显著增加和在合同有效期内因其他原因保险标的的危险程度显著增加两种情况。无论哪种情况造成的保险标的的危险程度显著增加，投保人、被保险人以及受让人知悉后，都应当及时通知保险人。财产保险的保险标的与人身保险相比有明显区别。财产保险的保险标的是物质财产，具有可交换性，保险标的随时可能流转。投保人投保的目的是保证保险标的或对象在自己名下时有风险保障，但投保绝对不能因此而限制其对保险标的或对象的转让或灭失，保险标的一旦转让或灭失，被保险人相应的风险就不存在了，被保险人也就不需要保险公司继续给予保障，可以说保险合同若继续履行对投保人来说已没有任何实际意义。对于投保人来说希望保险合同终止，并能退还其部分保险费，对于保险公司来说，由于保险责任不在存在，退还部分保险费也是公平合理的。

专家支招：

　　根据《保险法》第49条和第52条规定，因保险标的的危险程度显著增加的，保险人可做以下处理：

　　（1）对于因保险标的转让导致危险程度显著增加的财产保险，保险人自收到被保险人、受让人的通知之日起30日内，可以按照合同约定增加保险费或者解除合同。保险人解除合同的，应当将已收取的保险费，按照合同约定扣除自保险责任开始之日起至合同解除之日止应收的部分后，退还投保人。但被保险人、受让人未履行规定的通知义务，因转让导致保险标的危险程度显著增加而发生保险事故的，保险人不承担赔偿保险金的责任。

　　（2）对于本案中的在合同有效期内保险标的的危险程度显著增加的财产保险，保险人可以按照合同约定增加保险费或者解除合同。保险人解除合同的，应当将已收取的保险费，按照合同约定扣除自保险责任开始之日起至合同解除之日止应收的部分后,退还投保人。但被保险人未履行规定的通知义务,因保险标的的危险程度显著增加而发生保险事故的,保险人不承担赔偿保险金的责任。

55.财产保险中出现哪些情况时保险人可以拒绝赔付?

案例:

（同53）。问:财产保险中保险标的危险程度显著增加,被保险人未及时通知保险人的,保险人可以拒绝赔偿吗?

专家解析:

保险法规定保险人有及时赔付的义务。对于已经确定的由保险事故所造成的并属于保险人赔偿责任范围的损失,保险人应当及时向被保险人支付保险赔偿。同时为了维护保险公平,保险法也赋予了保险人因投保人等不履行法定义务可以拒绝赔付的权利。保险人不承担给付保险金责任的情况有:

（1）根据《保险法》第16条规定,投保人故意不履行如实告知义务的,保险人对于合同解除前发生的保险事故,不承担赔偿或者给付保险金的责任,并不退还保险费。投保人因重大过失未履行如实告知义务,对保险事故的发生有严重影响的,保险人对于合同解除前发生的保险事故,不承担赔偿或者给付保险金的责任,但应当退还保险费。

（2）根据《保险法》第21条规定,投保人、被保险人或者受益人知道保险事故发生后,应当及时通知保险人。故意或者因重大过失未及时通知,致使保险事故的性质、原因、损失程度等难以确定的,保险人对无法确定的部分,不承担赔偿或者给付保险金的责任,但保险人通过其他途径已经及时知道或者应当及时知道保险事故发生的除外。

（3）根据《保险法》第 27 条规定，投保人、被保险人故意制造保险事故的，保险人有权解除合同，不承担赔偿或者给付保险金的责任；除本法第四十三条规定外，不退还保险费。保险事故发生后，投保人、被保险人或者受益人以伪造、变造的有关证明、资料或者其他证据，编造虚假的事故原因或者夸大损失程度的，保险人对其虚报的部分不承担赔偿或者给付保险金的责任。

（4）根据《保险法》第 49 条规定，保险标的转让的，被保险人或者受让人应当及时通知保险人，但货物运输保险合同和另有约定的合同除外。被保险人、受让人未履行通知义务的，因转让导致保险标的的危险程度显著增加而发生的保险事故，保险人不承担赔偿保险金的责任。

（5）根据《保险法》第 52 条规定，在合同有效期内，保险标的的危险程度显著增加的，被保险人应当按照合同约定及时通知保险人。被保险人未履行通知义务的，因保险标的的危险程度显著增加而发生的保险事故，保险人不承担赔偿保险金的责任。本案中的保险公司不赔付 A 公司保险金即属于此种情况。可见，保险公司的做法是正确的。

专家支招：

保险成立后，投保人、被保险人或者受益人应当认真、全面履行自己的法定义务。从本案情况看，被保险人在保险标的危险显著增加时就应当履行及时通知保险人的义务。履行这一义务应当注意：（1）投保人、被保险人是危险增加通知义务的主体，也就是说保险法明确规定了应当由投保人、被保险人通知保险人；（2）被保险人通知的方式以书面为主，在紧急情况下可以包括电话、电报和口头等方式；（3）及时通知要求在尽可能短的时间内通知，即投保人或被保险人一旦知道保险标的所面临的危险增加，就应当在尽可能短的时间内将这一情形通知保险人；（4）如果危险增加是投保人、被投保人的行为导致的，应当在事故发生前通知保险人；如果投保人、被投保人不知道危险增加，可以在知道后的规定时间内通知保险人。

56.投保人要求解除财产保险合同的,保险费应当如何处理?

案例:

2012 年 3 月 11 日,某公司决定向保险公司投保财产保险,保险金额为 100 万元,约定保险费为 3 万元,保险责任期限为 2012 年 4 月 1 日至 2013 年 3 月 31 日。2012 年 3 月 25 日,该公司改变了投保决定,向保险公司提出解除保险合同的要求。保险公司经审核同意了该公司的要求,退还了保险费 25000 元,其余 5000 元作为手续费予以扣除。该公司认为保险公司尚未开始承担保险责任,扣除保险费用没有道理,应当全部返还。问:投保人要求解除财产保险合同的,保险费应当如何处理?

专家解析:

财产保险合同是典型的补偿性合同,当事人订立合同的目的在于补偿被保险人因保险事故发生而遭受的实际损失,而投保人缴纳的保险费则是与保险人承担保险责任相对应的。根据《保险法》第 54 条规定,投保人要求解除财产保险合同的,应当分别以下情况对保险费进行处理:

(1)保险责任开始前,投保人要求解除财产合同的,应当按照合同约定向保险人支付手续费,保险人应当退还保险费。保险合同成立后,保险责任开始前,投保人可以解除保险合同。保险人由于还尚未开始承担保险责任,不得要求投保人支付保险费。对于投保人已经支付的保险费,保险人应当返还。本案即属于投保人在保险责任开始前要求解除保险合同的情况。但由于保险公司在签订保险合同时也是要承担一定保险风险的,也有一定的费用支出,因此,根据保险法的规定,保险公司可以收取一定的手续费用。本案保险公司扣除的 5000 元即属于这部分费用。

（2）保险责任开始后,投保人要求解除财产合同的,保险人应当将已收取的保险费,按照合同约定扣除自保险责任开始之日起至合同解除之日止应收的部分后,退还投保人。

专家支招:

投保人应当注意的是, 无论在保险责任开始前还是保险责任开始后解除财产保险合同的,保险法都规定保险人"应当"退还保险费。这里的"应当"是"必须",说明退还保险费是保险人的义务,而不是保险人的权利或自由。这样,投保人的权益才可以得到更好的维护。因此,投保人要求解除保险合同时,应当充分行使这一权利。

57.投保人是否可以要求保险公司降低保险费?

案例:

某仓储公司为自己存放木材的仓库投保了火灾险,约定保险期限为1年,保险费为5万元。6个月后,仓库中的木材全部运出,运来了一批石材。该公司认为石材发生火灾的可能性极小,因此要求与保险公司协商,降低保险费用。保险公司认为保险合同已经生效且已履行过半,拒绝降低保险费。问:投保人是否可以要求保险公司降低保险费?

专家解析:

投保人可以要求保险公司降低保险费。《保险法》第53条规定:"有下列情形之一的,除合同另有约定外,保险人应当降低保险费,并按日计算退还相应的保险费:(一) 据以确定保险费率的有关情况发生变化,保险标的的危险程度明显减少的;(二)保险标的的保险价值明显减少的。"这一规定表明,存在以下两种情况时,投保人可以要求保险人降低保险费。第一,保险标的的危险程度明显减少。由于保险标的的危险程度明显减少,保险费率也将随之发生变化。财产保险的保险费率是保险人以保险标的的损失率为计算基础,而规定按一定时期一定保险金额收取保险费的比率。保险标的的损失率是保险财产出险以及保险财产发生损失的概率,是测算保险风险、表明保险标的的出险与损失的可能和大小的指标。因此,保险标的的危险程度越小或减少,损失率就越低或降低,保险费就应当越少或降低,因此,投保人应当缴纳的保险费也应当越少或降低。第二,保险标的的保险价值明显减少。财产保险的保险价值即保险标的的价格,也称"保险价格",是指保险标的物在某个特定时期和特定地区的市场价额。财产保险以赔偿实际损失为原则,保险人应承担的赔偿最高额不得超过保险价值。当保险标的的价值明显减少时,发生保险事故所造成的实际损失也会明显减少,被保险人能够得到的赔偿也会相应减少。这种情况下投保人可以要求降低保险费。

专家支招:

本案符合上述的第一种情况。在财产保险合同无另外约定的情况下,仓储公司因保险标的的危险程度明显减少,可以要求保险公司降低保险费,保险公司应当应允。由于保险公司已经开始承担了保险责任,对保险公司已经承担保险责任期间的保险费,仓储公司必须全部缴纳。如果经双方协商决定降低保险费的,保险公司应当将剩余部分的保险费扣除降低后的保险费,其余部分返还给仓储公司。

58.保险价值与保险金额不符的保险公司应当如何赔付?

案例:

某建材公司与保险公司订立财产保险合同,约定保险期限为1

年,保险金额为 3000 万元。不久,该建材公司发生窃案,近半财产被盗。事后,该建材公司向保险公司索赔。保险公司经多方调查,最后核定该建材公司由于经营亏损,发生保险事故时财产只有 1000 万元,认为保险金额与保险价值不符,于是向该建材公司赔付了 1000 万元。建材公司不接受这一赔付,遂向人民法院提起诉讼。问:保险价值与保险金额不符的应当如何赔付?

专家解析:

　　财产保险的保险价值即保险标的的价格,也称"保险价格",是指保险标的物在某个特定时期和特定地区的市场价额。保险金额是保险合同当事人约定危险发生时应由保险人赔偿的最高数额。保险金额不得超过保险价值,保险价值是确定保险金额标准的基础。《保险法》第 55 条规定:"投保人和保险人约定保险标的的保险价值并在合同中载明的,保险标的发生损失时,以约定的保险价值为赔偿计算标准。投保人和保险人未约定保险标的的保险价值的,保险标的发生损失时,以保险事故发生时保险标的的实际价值为赔偿计算标准。保险金额不得超过保险价值。超过保险价值的,超过部分无效,保险人应当退还相应的保险费。保险金额低于保险价值的,除合同另有约定外,保险人按照保险金额与保险价值的比例承担赔偿保险金的责任。"

　　凡在保险单中记载有保险合同当事人事先确定保险标的的价值的定值保险,发生保险责任范围内的损失时,不论所保财产当时的实际价值是多少,保险人都要按保单上订明的价值计算赔偿。因此,定值保险在法律上不存在保险金额超过保险价值的问题。凡在保单中不记载有保险当事人事先确定保险标的的价值的叫做不定值保险,不定值保单中只记载保险金额,而将保险标的实际价值留待需要确定保险赔偿的限度时才去估算。财产保险大多采用不定值保险。任何一种财产保险都有对保险标的的价值估计的问题,不同的是:定值保险的保险价值在当事人签订合同时就已确定了,而不定值保险则要等出险后才由双方当事人估定。保险价值估计的传统方法为:保险标的能以市价估计的,按市价估定,不能按市价估计的,可以由双方当事人约定其价值。保险价值以市价估计为原则,以当事人约定为例外。

专家支招:

保险公司核定保险价值并确定保险金额后,应当按照以下方法进行赔付:

(1)足额保险即保险金额与保险价值相等的,一般都给予足额赔偿,即损失多少赔多少。

(2)超过保险即保险金额超过保险价值的,无论投保人善意或恶意,超过部分无效,保险人不予赔偿,但保险人应当退还相应的保险费。

(3)不足保险即保险金额少于保险价值的,无论是何种原因所致,当保险事故发生时,保险人只进行部分赔偿,即按保险金额与保险价值的比例赔偿。比例赔偿方式的具体计算公式为:

$$赔偿金额 = \frac{损失数额 \times 保险金额}{保险价值}$$

从本案情况看,建材公司的财产保险属于上述第二种情况的超额保险。因此保险公司对建材公司赔付 1000 万元是正确的,但是应当向建材公司退还多支付的保险费。

59.重复保险对保险损失如何分摊?

❀ ❀ ❀

案例:

(1)甲、乙两保险公司承保同一财产,甲公司承保额为 10 万元,乙公司承保额为 12 万元,发生损失 11 万元,在单独保险的情况下,甲应当赔偿 10 万元,乙应当赔偿 11 万元,如果按赔偿责任限额加以分摊,则甲公司应当分摊赔偿损失额的 10／21,乙公司应当分摊赔偿损失额的 11/21。

（2）甲、乙两保险公司承保同一财产，甲公司承保 4 万元，乙公司承保 7 万元，发生损失 6 万元，甲保险公司应当赔偿 4 万元，乙保险公司应当赔偿其余的 2 万元。

专家解析：

上述两个案例都属于重复保险中对保险损失分摊的情况。重复保险是指投保人对同一保险标的、同一保险利益、同一保险事故分别向两个以上保险人订立保险合同，且保险金额总和超过保险价值的保险。《保险法》第 56 条规定，重复保险的投保人应当将重复保险的有关情况通知各保险人。重复保险的各保险人赔偿保险金的总和不得超过保险价值。

专家支招：

为了防止投保人获得双份赔偿，对被保险人的损失通常采用各保险人分摊的办法。分摊的方式主要有：

（1）比例责任。比例责任是指将各家保险公司的保险金额加起来，得出各家应分摊的比例，然后按比例分摊损失金额。《保险法》第 56 条规定，在重复保险中，除合同另有约定外，各保险人按照其保险金额与保险金额总和的比例承担赔偿保险金的责任。我国涉外财产保险单中分摊条款规定，如果本保险单在损失发生时另有别家公司保险存在，不论是被保险人或他人所投保，如属于同一财产，本公司仅负按照比例分摊损失的责任。其计算公式为：

各保险人承担的赔偿金额 ＝ 损失金额 × 承保比例

承保比例 ＝ 该保险人承保的保险金额 ÷ 所有保险人承保的保险金额总和

此外，对于保险金额总和超过保险价值的部分，重复保险的投保人可以请求各保险人按比例返还保险费。

（2）限额责任。限额责任是指各保险公司的分摊额并不以其保险金额作基础，而是按照它们在没有其他保险人重复保险的情况下单独应负的赔偿责任限额按比例分摊赔偿。案例（1）即属于此种情形。

（3）顺序责任。顺序责任是指保险标的发生损失后，由先出具保险单的公司首先负责赔偿，后出具保险单的公司只有在承保的财产损失额超过前面保险单的保险金额时，才依次承担超出部分的损失的赔偿。案例（2）即属于此种情形。

60.为防止或减少保险标的损失所支付的费用由谁承担？

案例：

某印刷厂向保险公司投保企业财产保险，约定保险期限为1年，保险金额为50万元。入保3个月后的一天，与该印刷厂相邻的纺织厂突发火灾，火势凶猛并向四周蔓延。该印刷厂立即组织人员并调集设备对与纺织厂一墙之隔的工厂仓库内的纸张等财物进行搬运。由于抢救及时，措施得力，大火虽然将厂仓库一侧烧毁，但仓库内的财物全部得以幸免。然而，该印刷厂为避免财产损失产生了2.5万元的费用。问：为防止或减少保险标的损失所支付的费用由谁承担？

专家解析：

保险事故发生时，积极采取措施，尽量避免或减少保险财产的损失，是保险人和被保险人共同的责任。对此，《保险法》第57条第1款规定："保险事故发生时，被保险人有责任尽力采取必要的措施，防止或者减少损失。"被保险人为防止或减少保险财产的损失而采取施救、保护、整理保险财产的措施，必然要支出一定的费用。从财产已经投保的意义上说，被保险人的这些费用是为保险人的利益而支出的，因此，《保险法》第57条第2款规定："保险事故发生后，被保险人为防止或者减少保险标的的损失所支付的必要的、合理的费用,由保险人承担"。所谓必要的费用,是指为防止或者减少保险财产损失而采取的必要措施所支付的费用。所谓合理的费用,是指为防止或者减少保险财产损失而采取的合理措施所支付的费用。可见,本案中印刷厂为避免财产损失而支出的 2.5 万元,如果属于必要、合理费用范围的,应当全部由保险公司承担。

专家支招:

被保险人为减少保险财产损失而支出的施救、保护、整理费用与保险事故造成的保险财产的损失,具有不同的性质,虽然都由保险人承担赔偿责任,但是应该分别计算。为了保证这些费用支出的必要性和合理性,对保险人承担的费用支出限额,《保险法》第 57 条第 2 款规定:"保险人所承担的数额在保险标的损失赔偿金额以外另行计算,最高不超过保险金额的数额。"此外,根据《保险法》第 64 条规定,保险人、被保险人为查明和确定保险事故的性质、原因和保险标的的损失程度所支付的必要的、合理的费用,由保险人承担。

61.保险标的残值怎样处理?

案例:

韩某驾车发生交通事故,造成驾驶的汽车全部损毁。之前韩某为该车投了足额保险。事故发生后,保险公司向韩某支付了全部保险金。问:该车的残值怎么处理?

专家解析:

保险事故发生后,造成保险标的全部灭失的情况比较少,大多数受损的保险标的还会留有残余的价值,即残值。《保险法》第 59 条规定:

"保险事故发生后,保险人已支付了全部保险金额,并且保险金额相等于保险价值的,受损保险标的的全部权利归于保险人;保险金额低于保险价值的,保险人按照保险金额与保险价值的比例取得受损保险标的的部分权利。"根据这一规定,

第一,保险人按照合同约定支付保险赔偿金后,可以取得保险标的的权利。因为财产保险以赔偿实际损失为原则,保险财产遭受损失时,被保险人最多只能获得相当于保险标的实际价值的保险赔偿金,不能因参加财产保险而取得额外利益。当保险人按照合同约定支付全部保险赔偿金后,理应取得受损保险标的残值的所有权,否则,被保险人就会获得这部分财产的双重利益。

第二,在保险金额相等于保险价值的足额保险情况下,保险事故发生后,保险人支付了全部保险金额的,受损保险标的的全部价值归于保险人。如本案中的交通事故造成韩某投保的汽车全部损毁,保险公司在支付了全部保险金额后,所赔偿的数额就相等于保险标的的实际价值,因此,该车的全部残值就应归属于保险公司。

第三,在保险金额低于保险价值的不足额保险情况下,保险人按照保险金额与保险价值的比例取得受损保险标的的部分权利。因为不足额保险的投保人仅以保险标的的部分价值投保,即使保险事故发生导致保险标的全部损毁,保险人赔偿的保险金额也只能相等于部分保险价值,因此,保险人支付了保险金后,只能取得所损保险标的的部分权利。保险人可以取得受损保险标的的多少权利,取决于其对保险标的承担多少赔偿责任,根据《保险法》第55条第4款的规定,保险金额低于保险价值的,除合同另有约定外,保险人按照保险金额与保险价值的比例承担赔偿保险金的责任。

专家支招:

按照传统方法,保险价值以市价估计为原则,以当事人约定为例外。保险标的的保险价值能以市价估计的,按市价估定,不能按市价估计的,可以由双方当事人约定其价值。足额保险即保险金额与保险价

值相等的,一般都给予足额赔偿,即损失多少赔多少。超过保险即保险金额超过保险价值的,无论投保人善意或恶意,超过部分无效,保险人不予赔偿,但保险人应当退还相应的保险费。不足保险即保险金额少于保险价值的,无论是何种原因所致,当保险事故发生时,保险人只进行部分赔偿,即按保险金额与保险价值的比例赔偿。

62.被保险人已经获得第三者赔偿的,还能请求保险赔付吗?

案例:

　　刘某购买了一架钢琴,并为这架钢琴投了足额财产保险。在一次搬家过程中,刘某雇用的搬运工王某操作不慎致钢琴损坏。由于损坏程度较大,刘某咨询后得知修好这架钢琴大约需要 3 万余元。刘某要求王某赔偿 3 万元。王某支付 1 万元现金又打了一张 2 万元的欠条。之后,刘某多次向王某讨要欠下的 2 万元,都因王某无力支付而无果。于是刘某想到向保险公司索赔。保险公司认为,刘某与王某已经就赔偿达成协议,且王某已经赔偿了部分损失,其余部分损失应当由刘某继续向王某追要,所以拒绝赔偿。问:被保险人已经获得第三者赔偿的,还能请求保险赔付吗?

专家解析:

　　本案涉及的是能否同时获得民事侵权损害赔偿与保险赔偿的问题。根据民法通则的有关规定,由于第三人过错导致被侵权人财产损失的,被侵权人有权向侵权人请求损害赔偿。保险法也规定,因保险事故发生导致被保险人财产损失的,被保险人有权向保险人索赔。如果被侵权人同时为财产的被投保人,被保险人遭受的损失就有获得双重补偿的可能。针对这一情况,《保险法》第 60 条第 2 款规定,"保险事故发生后,被保险人已经从第三者取得损害赔偿的,保险人赔偿保险金时,可以相应扣减被保险人从第三者已取得的赔偿金额。"这一规定表明,被保险人可以向第三者请求赔偿,也可以选择请求保险人赔付,但被保险人不能因一份财产遭受损失而获得双重的赔偿。也就是说,被保险人如果只从第三者那里取得部分赔偿的,仍然可以向保险公司索赔,只不过应当扣减已经得到的赔偿部分。由此可见,本案中的刘某可以向保险公司索赔,保险公司应当对刘某进行赔付,但赔付时应当扣除刘某从王某处已经获得的赔偿部分。

从保险人的角度看,《保险法》第60条第1款规定:"因第三者对保险标的的损害而造成保险事故的,保险人自向被保险人赔偿保险金之日起,在赔偿金额范围内代位行使被保险人对第三人请求赔偿的权利。"代位赔偿请求权是保险人享有的一项权利,又称代位求偿权,是指在财产保险中,因第三者对保险标的的损害而造成保险事故时,保险人在向被保险人赔偿保险金之后,得在其赔偿金额范围内代位行使被保险人对第三者请求赔偿的权利。保险人行使该权利应符合以下条件:一是被保险人因保险事故的发生对第三人有损失赔偿请求权;二是代位权的产生须在保险人赔偿保险金之后;三是保险人请求第三者赔偿的数额不能超过其向被保险人支付的保险赔偿金的数额。

专家支招:

实践中处理类似本案的这种情况,应当注意以下问题:(1)被保险人不能因同一份财产损失获得双重赔偿。(2)保险人在赔偿保险金的范围内行使代位求偿权后,被保险人仍然可以就未从保险人处获得赔偿的部分损失,向第三者请求赔偿,但不足额保险除外。(3)保险事故发生后,保险人未赔偿保险金之前,被保险人如果放弃对第三者请求赔偿的权利的,保险人不承担赔偿保险金的责任;保险人向被保险人赔偿保险金后,被保险人未经保险人同意放弃对第三者请求赔偿的权利的,该行为无效。(4)被保险人故意或者因重大过失致使保险人不能行使代位请求赔偿的权利的,保险人可以扣减或者要求返还相应的保险金。(5)除被保险人的家庭成员或者其组成人员故意造成的保险事故外,保险人不得对被保险人的家庭成员或者其组成人员行使代位请求赔偿的权利。被保险人的家庭成员包括其配偶、子女、父母及其他一起生活的近亲属;被保险人的组成人员是指被保险人为单位时,其单位的组成人员。(6)保险人向第三者行使代位请求赔偿权利时,被保险人应当向保险人提供必要的文件和其所知道的有关情况。

63.什么是责任保险?责任保险索赔需要符合哪些条件?

案例:

某运输公司对其所有的全部客车向某保险公司投保了第三者责任险和车上人员责任险,保险期限为1年。保险期间内,该公司聘用的司机孔某驾驶一辆载客客车超速行驶,追尾一辆正常行驶的货车。孔某受伤,另造成车上3名乘客也不同程度受伤。经交警部门认定,孔某负全责。3名受伤的乘客要求运输公司承担医疗费、误工费等费用。随后运输公司向保险公司提出赔偿请求。保险公司经审核认定该运输公司的请求属于责任保险的范围,并予以理赔。问:什么是责任保险?责任保险索赔需要具备什么条件?

专家解析:

《保险法》第65条第5款规定:"责任保险是指以被保险人对第三者依法应负的赔偿责任为保险标的的保险。"在日常生活中,发生造成他人人身伤害或财产损失的情况时,责任人就应当赔偿受害人的经济损失。如果这些责任人投保了有关责任保险,一旦发生保险事故,原来应当由责任人承担的赔偿责任就由承保的保险公司承担,这样就可以运用保险机制,将被保险人应该承担的经济赔偿责任转嫁给保险人,由保险人对第三者进行赔偿。对此,《保险法》第65条第1款规定:"保险人对责任保险的被保险人给第三者造成的损害,可以依照法律的规定或者合同的约定,直接向该第三者赔偿保险金。"

责任保险包括第三者责任保险、公众责任险、产品责任险、雇主责任险、职业责任险、环境责任险等。其中第三者责任保险是指以被保险人的各类运输工具、建筑安装工程因意外事故造成第三者人身伤亡或财产损失所应当承担的民事赔偿责任为保险标的的保险。公众责任险是指以被保险人的公众责任为保险标的的保险。公众责任是指致害人在公众活动场所由于过错造成他人的人身伤亡或财产损失时依法应当承担的各种经济赔偿责任。产品责任保险是指以产品制造者、销售者或者修理者因其制造、销售或修理的产品具有缺陷,致使用户或消费者遭到人身伤害或财产损失,依法应当承担的经济赔偿责任为保险标的的保险。雇主责任险又称劳工险,是指以雇主对雇佣人员在受雇期间因意外事故导致伤亡、疾病时,依法应当承担的经济赔偿责任为保险标的的保险。职业责任险是指以各种专业人员,如医生、律师、会计师、设计师等因业务上的疏忽或过失致他人遭受损害的经济赔偿责任为保险标的的保险。环境责任险是指以被保险人对环境侵权应当承担的赔偿责任为保险标的的保险。

专家支招:

责任保险中,被保险人索赔应当具备以下要件:第一,被保险人发生了属于责任保险范围的保险事故。这是责任保险赔偿的基础条件。第二,被保险人对于第三者应当依法承担赔偿责任。这是责任保险赔偿的前提条件。由于责任保险的存在,使得保险公司承担被保险人的依据法律规定所应承担的损害赔偿责任。第三,受害的第三者向被保险人提出了赔偿请求。三个条件缺一不可。只有上述条件全部成就后,被保险人才能向保险公司请求赔偿,保险公司才能予以赔付。本案中,运输公司发生责任保险事故后,对3名受伤乘客承担了赔偿责任,因此具备了向保险公司索赔的条件。保险公司应当赔偿。

64.投保交强险的机动车发生事故,如何确定保险人是否应当承担赔偿责任?

案例:

焦某购买了一辆家用轿车,并按规定办理了机动车交通事故责任强制保险。一日,焦某的儿子驾驶该车去购物,当车行使到商场门前时,为了躲避一辆停放在路中央的购物车,操作不当,误将油门当作刹车,结果撞到了路边停放的另一辆汽车,也致路人张某受伤。焦某向保险公司报案并要求理赔。保险公司经核查发现驾驶车辆的焦某的儿子并未取得驾驶执照,于是拒绝赔偿。而焦某认为只要车辆投保了交强险,发生责任事故的保险公司都应当赔偿。问:对于投保交强险的机动车发生事故,如何确定保险人是否应当承担赔偿责任?

专家解析:

根据《机动车交通事故责任强制保险条例》规定,被保险机动车发生道路交通事故的,应当按照以下规定确定保险人是否承担赔偿责任:

(1)被保险机动车发生道路交通事故造成本车人员、被保险人以外的受害人人身伤亡、财产损失的,由保险公司依法在机动车交通事故责任强制保险责任限额范围内予以赔偿。但道路交通事故的损失是由受害人故意造成的,保险公司不予赔偿。

(2)有下列情形之一的,保险公司在机动车交通事故责任强制保险责任限额范围内垫付抢救费用,并有权向致害人追偿,但对发生道路交通事故造成受害人财产损失的,保险公司不承担赔偿责任:①驾驶人未取得驾驶资格或者醉酒的;②被保险机动车被盗抢期间肇事的;③被保险人故意制造道路交通事故的。需要强调的是,2010年9月1日正式实施的《中华人民共和国侵权责任法》第52条规定:"盗窃、抢劫或者抢夺的机动车发生交通事故造成损害的,由盗窃人、抢劫人或者抢夺人承担赔偿责任。"该规定将盗窃、抢劫或者抢夺机动车发生交通事故造成的损害也排除在了保险公司赔偿之外。本案中的保险事故既可以因投保交强险车辆的驾驶人员未取得驾驶资格而免除保险公司的赔偿责任。

(3)机动车驾驶人发生交通事故后逃逸,该机动车参加强制保险的,由保险公司在机动车强制保险责任限额范围内予以赔偿;机动车不明或者该机动车未参加强制保险,需要支付被侵权人人身伤亡的抢救、丧葬等费用的,由道路交通事故社会救助基金垫付。道路交通事故社会救助基金垫付后,其管理机构有权向交通事故责任人追偿。

专家支招：

通常情况下,投保交强险的车辆发生道路交通事故,只要不存在上述法律规定的情形,保险公司都会承担赔偿责任。被保险人索赔的,首先应当通知保险公司发生保险事故,保险公司应当立即给予答复,告知被保险人或者受害人具体的赔偿程序等有关事项。然后由被保险人向保险公司申请赔偿保险金。保险公司应当自收到赔偿申请之日起1日内,书面告知被保险人需要向保险公司提供的与赔偿有关的证明和资料。保险公司应当自收到被保险人提供的证明和资料之日起5日内,对是否属于保险责任作出核定,并将结果通知被保险人;对不属于保险责任的,应当书面说明理由;对属于保险责任的,在与被保险人达成赔偿保险金的协议后10日内,赔偿保险金。保险公司可以向被保险人赔偿保险金,也可以直接向受害人赔偿保险金。但是,因抢救受伤人员需要保险公司支付或者垫付抢救费用的,保险公司在接到公安机关交通管理部门通知后,经核对应当及时向医疗机构支付或者垫付抢救费用。因抢救受伤人员需要救助基金管理机构垫付抢救费用的,救助基金管理机构在接到公安机关交通管理部门通知后,经核对应当及时向医疗机构垫付抢救费用。保险公司赔偿保险金或者垫付抢救费用,救助基金管理机构垫付抢救费用,需要向有关部门、医疗机构核实有关情况的,有关部门、医疗机构应当予以配合。

被保险人与保险公司对赔偿有争议的,可以依法申请仲裁或者向人民法院提起诉讼。

65.被盗机动车辆肇事造成他人损失是否属于第三者责任险范围?

案例:

张某新购置的轿车被杨某盗走。杨某酒后驾驶这辆车肇事,致李某重伤,然后弃车逃走。张某的车找回后,李某要求张某支付其医疗费。张某想到自己的车已经投保了第三者责任险,于是向保险公司请求赔偿。保险公司以该事故不属于机动车第三者责任险的范围为由拒绝赔偿。问:被盗机动车辆肇事造成他人损失是否属于第三者责任险范围?

专家解析:

机动车第三者责任险是指以被保险人或其允许的驾驶人员在使用车辆的过程中发生的意外事故致使第三者人身伤亡或财产受到直接损失为保险事故,由保险人承担赔偿或给付保险金责任的保险。构成机动车第三者责任险的保险事故和保险责任必须符合以下要件:(1)行为人必须是被保险人或者被保险人允许的其他驾驶人员使用保险车辆,其他人员使用保险车辆造成事故的,保险人不负保险责任。(2)行为人必须持有驾驶执照驾驶车辆,无照驾驶的,保险人不负保险责任。(3)必须是发生意外事故,如果事故是由被保险人故意造成的,保险人不负任何责任。

专家支招:

从本案看,被盗机动车肇事造成李某人身伤害,不符合机动车第三者责任险的保险事故和保险责任的构成要件,即不是由被保险人张某允许的驾驶人员使用保险车辆,因此,不属于第三者责任险的范围,保险人不负保险责任。此外,根据最高人民法院的有关司法解释规定,使用盗窃的机动车辆肇事,造成被害人物质损失的,应当由肇事人员杨某依法承担赔偿责任,被盗机动车辆的所有人张某不承担赔偿责任,因此,受害人李某应当向肇事人杨某要求赔偿。

66.如何确定雇主责任保险的保险责任范围?

案例:

　　某建筑公司在某一项目施工中雇佣了大批工人,并购买了雇主责任保险。问:雇主责任保险的保险责任范围是什么?

专家解析:

　　雇主责任险是指以雇主对雇佣人员在受雇期间因意外事故导致伤亡、疾病时,依法应当承担的经济赔偿责任为保险标的的保险。雇主责任保险的投保人可以是三资企业、私营企业、国内股份制公司、国有企业、事业单位、集体企业以及集体或个人承包的各类企业,其保险对象为被保险人所聘用的各类员工。

　　雇主责任保险的保险责任为:凡是被保险人所聘用的员工,在受雇用过程中(包括上、下班途中)和保险有效期内,因从事与保险单所载明的被保险人的业务工作而遭受意外或患有与业务有关的国家规定的职业性疾病而致伤、致残或死亡的,对被保险人根据劳动合同和法律、法规规定须承担的医疗费及经济赔偿责任,保险人依据保险单的规定,在约定的赔偿限额内按照规定予以赔偿。被保险人因给所聘人员造成损害的保险事故而被提起仲裁或者诉讼的,除合同另有约定外,由被保险人支付的仲裁或者诉讼费用以及其他必要的、合理的费用,保险人也负责在约定的分项赔偿限额内予以赔偿。但是,在保险期内,上述赔偿总额不得超过保险单列名的累计赔偿限额。以下情况保险人不负赔偿责任:(1)战争、军事行动、罢工、暴动、民众骚动或由于核子辐射所致被保险人所聘用员工伤残、死亡或疾病;(2)被保险人所聘用员工由于职业性疾病以外的疾病、传染病、分娩、流产以及因这些疾病而施行内外科治疗手术所致的伤残或死亡;(3)由于被保险人所聘用员工自加伤害、自杀、违法行为所致的伤残或死亡;(4)被保险人所聘用员工因非职业原因而受酒精或药剂的影响所发生的伤残或死亡;(5)被保险人的故意行为或重大过失;(6)除有特别规定外,被保险人对其承包商所聘用员工的责任;(7)除有特别规定外,在中华人民共和国境外所发生的被保险人所聘用员工的伤残或死亡;(8)其他不属于保险责任范围内的损失和费用。

专家支招:

发生上述保险责任范围内的事故时,保险公司应当承担赔偿责任。因此,在雇主责任保险单中保险人和被保险人应当协商确定赔偿限额。具体应当为:

(1)每人伤残、死亡赔偿限额,一般为 2~50 万元,由投保人根据投保员工的不同层次选择确定;

(2)每人医疗费赔偿限额,一般按每人伤亡限额的 40%~60%确定;

(3)诉讼费用累计赔偿限额,一般按每人伤亡限额的 20%~50%确定;

(4)累计赔偿限额为所有投保员工每人伤亡赔偿限额与医疗费赔偿限额总和,再加上诉讼费用累计赔偿限额。除了赔偿限额外,投保时还应确定每次事故免赔额,出险时超过免赔额以上的部分,保险人才负责赔偿。

67.责任保险中的诉讼费用由谁承担？

案例：

某热水器厂生产的热水器因产品质量问题给消费者吴某造成损害。吴某就此提起诉讼,要求该热水器厂赔偿经济损失。法院对此案进行审理后,判决热水器厂赔偿吴某的损失,并承担案件的诉讼费。该热水器厂由于之前已经投保了产品责任险,于是要求保险公司承担赔偿责任并承担案件的诉讼费、鉴定费、律师代理费等费用。问:责任保险中的诉讼费用应当由谁来承担？

专家解析：

本案属于产品责任保险纠纷。产品责任保险是以产品制造者、销售者或者修理者因其制造、销售或修理的产品具有缺陷,致使用户或消费者遭到人身伤害或财产损失,依法应当承担的经济赔偿责任为保险标的的保险。在保险有效期内由于被保险人所生产、出售的产品或商品在承保区域内发生事故,造成使用、消费或操作该产品或商品的人或其他任何人的人身伤害、疾病、死亡或财产损失,依法应由被保险人承担责任时,保险人根据保险单的规定,在约定的赔偿限额内负责赔偿。那么对于诉讼费用呢？《保险法》第66条规定:"责任保险的被保险人因给第三者造成损害的保险事故而被提起仲裁或者诉讼的,被保险人支付的仲裁或者诉讼费用以及其他必要的、合理的费用,除合同另有约定外,由保险人承担。"这一规定表明,责任保险事故发生后,受损害的第三人如果以提起诉讼或者仲裁的方式对责任保险的被保险人提起诉讼或者仲裁请求赔偿,由此而产生的诉讼费用和仲裁费用,应当由保险人承担,但保险合同另有约定的除外。

本案中热水器厂请求保险公司承担诉讼费用是正当的。被保险人如果尚未支付诉讼费用或者仲裁费用的，可以由保险人直接支付；被保险人已经支付了诉讼费用的，可以向保险人请示给付。此外，被保险人为进行诉讼或者仲裁如果需要支付的其他必要、合理费用，如律师代理费，鉴定费等，以及经保险人同意支付的其他有关费用，都应当由保险人承担。

专家支招：

不仅是对产品责任保险，包括所有的责任保险在内，对被保险人应付索赔人的诉讼费用以及经保险人书面同意负责的诉讼及其他费用，都应当由保险人负责赔偿。但需要注意的是：此项费用与责任赔偿金额之和以保险单明细表中列明的责任限额为限，即不得超出责任限额的数额。

68.保险索赔应当按照怎样的程序进行？

案例：

张某购买了一辆宝马汽车，手续办理齐全后，向保险公司投保了机动车责任保险。一日，张某的妻子驾车在高速公路上行驶时，因雨天路滑与一辆客车相撞，宝马车车损严重，张妻也受了重伤。得知这一情况后，张某立即向交通管理部门报案，同时也向保险公司通知出险，并欲向保险公司索赔。问：保险事故发生后应当按照怎样的程序进行索赔？

专家解析：

保险索赔是指被保险人或者受益人在保险标的因发生保险事故而遭受损失，或者在保险合同的期限届满之时，依据保险人签发的保险单及其有关规定，向保险人要求赔偿损失或者给付保险金的行为。被保险人或者受益人都享有向保险人索赔的权利，任何单位和个人都不得限制被保险人或者受益人行使这一权利。如权利人为无行为能力人或者是限制行为能力人时,应由其法定代理人代为行使。在人身保险中,被保险人死亡的,可以由具有完全民事行为能力的受益人直接行使索赔权。

专家支招:

索赔是保险合同履行过程中的一个重要环节。本案中,张某在危险事故发生后,首先应当及时履行出险通知义务,将保险事故发生的时间、地点和原因以及有关保险单证的凭证一并告知保险人,然后依照以下程序进行索赔:(1)提出索赔请求。被保险人必须在法定的索赔期限内向保险人提出索赔请求,否则将丧失请求赔偿的权利。(2)积极施救、整理,防止损失扩大。保险事故发生时,被保险人有积极施救的义务,以防事态蔓延,力求把损失减少到最低限度。被保险人如延误时机,或任事态继续发展,保险人有权拒绝赔偿。(3)接受检验。发生保险事故后,被保险人有义务保护好现场,接受保险方或有关部门的检验,并为之提供方便条件,以保证及时查明和确认事故原因、损害程度、损失数额等。有关方面出具的检验报告是索赔的重要依据和证明材料。(4)提供索赔单证。被保险人进行索赔时应当提供一定的索赔单证,作为保险人进行理赔的审查依据。根据《保险法》第22条的规定,保险人依照保险合同的约定,认为有关的证明和资料不完整的,应当及时一次性通知投保人、被保险人或者受益人补充提供。(5)领取保险赔偿金或保险金。保险赔偿一般以现金支付,但对某些特殊标的或事先约定的情况,也可以采用修复、重叠等形式赔偿。被保险人领取全部保险金额的,保险单原则上失效,领取部分保险金的,可分为两种情况:一是保险单继续全额有效至保险期限届满;二是保险金额扣除赔款额后的余额继续有效。人身保险的保险单在发生死亡给付、期满给付以及保单兑款给付后失效;在发生残疾给付后原则上在保险期内继续有效。(6)开具权益转让书并协助保险方向造成保险事故应当依法承担赔偿责任的第三方追偿。这一程序在涉及第三者责任时适用,并非必经程序。

69.保险索赔是否有期限限制？

案例：

2010年1月,唐某为自己购买了一份大病医疗保险。同年3月,唐某因病住院治疗,花去医疗费5万余元。唐某经过1个月的治疗,出院后即随家人到外地疗养,直到2012年10月才向保险公司提出索赔。但保险公司以唐某的索赔已经超过索赔期限为由拒绝赔偿。问:保险索赔是否有期限限制?

专家解析：

保险索赔是有期间限制的, 这一期间就是保险索赔时效。保险索赔时效是指享有索赔权的人就保险事故造成的损害向保险人提出赔偿请求权的最长时间,即法律规定的索赔权有效存在的期间,超过此期间索赔权自行消灭。因为保险关系是被保险人与保险人之间的债权债务关系,而债权的行使是有期限的,如果从知道其利益受损之日起经过一定的期间,权利人不行使请求权,则该权利即告消灭。因此,保险事故发生后,被保险人或受益人在索赔时效内提出索赔的,保险人才承担赔偿责任。

专家支招：

索赔时效的长短由法律统一规定,但不同种类的保险索赔时效有所不同,因此保险中了解索赔时效的具体规定十分重要。《保险法》第26条第1款规定:"人寿保险以外的其他保险的被保险人或者受益人,向保险人请求赔偿或者给付保险金的诉讼时效期间为二年,自其知道或者应当知道保险事故发生之日起计算。"该条第2款还规定:"人寿保险的被保险人或者受益人向保险人请求给付保险金的诉讼时效期间为五年,自其知道或者应当知道保险事故发生之日起计算。"上述规定表明,非人寿保险的索赔权利人应当在知道保险事故发生之日起2年内向保险人提出索赔;人寿保险的索赔权利人应当在知道保险事故发生之日起5年内向保险人提出索赔。根据这一规定,本案中唐某索赔的时效应当为知道保险事故发生之日起2年内,即应当在2013年3月前向保险公司索赔。显然唐某索赔时已超过了时效期限,其索赔权利已经丧失,保险公司不予赔偿是正确的。

关于索赔时效,还有以下具体规定:海上保险合同的索赔权利人应当在知道保险事故发生之日起2年内行使保险赔偿的请求权;家庭财产保险合同的索赔人应当自其知道或者应当知道保险财产遭受损失之日起1年内行使保险赔偿请求权;企业财产保险合同的索赔人应当自通知保险人发生保险事故之日起3个月内行使保险赔偿索赔权;国内货物保险合同的索赔人应当自获悉保险货物遭受损失之日起1年内行使保险赔偿请求权。

通常情况下,索赔时效应当从保险事故发生之日起开始计算。但是被保险人或者受益人在保险事故发生后才知道保险事故造成保险标的损失的,索赔时效自其知道保险事故发生之日起计算,不过,被保险人或者受益人应当对此提供证据加以证明。索赔时效可因不可抗力或其他障碍不能行使请求权而中止,也可因权利人提出索赔、保险人允诺、起诉等行为而中断。

70.保险索赔需要提供哪些索赔单证?

案例:

某货运公司以自己所有的三只船舶为保险标的与某保险公司订立了船舶保险合同。在一次海上货运中,三只船舶突遇大风浪,搁浅后全部沉没。货运公司向保险公司提出索赔,并提供了船舶保险单。保险公司认为货运公司提供的索赔资料不完整,要求补齐全部资料和证明材料。问:保险索赔时都需要提供哪些索赔单证?

专家解析:

　　保险事故发生后,投保人、被保险人或者受益人按照保险合同请求保险人赔偿或者给付保险金的,有向投保人提供相关资料和证明的义务。根据《保险法》第 22 条规定,保险事故发生后,按照保险合同请求保险人赔偿或者给付保险金时,投保人、被保险人或者受益人应当向保险人提供其所能提供的与确认保险事故的性质、原因、损失程度等有关的证明和资料。如果投保人、被保险人或者受益人提供的有关证明和资料不完整的,保险人有权要求投保人、受益人、被保险人提供补充材料。但保险人在要求投保人、被保险人或者受益人补充材料时,必须做到以下两点:一是及时通知,以避免时间拖延,一些材料或证据丢失或灭失,影响核赔结果;二是一次性通知,以保证理赔的效率。

专家支招:

　　本案中,为了获得保险人的赔付,货运公司在提出索赔要求的时候,应当按照保险法和保险合同的有关规定,向保险公司提交相关的索赔单证,以此证明保险事故发生的事实和损失数额,也作为保险人进行理赔的审查依据。应当注意的是不同的保险中索赔单证的种类和内容各有不同,因此,被保险人或者受益人只有在索赔时按规定提供应有的单证,才能为保险人所接受。应当提供的单证通常包括:(1)保险单或保险凭证的正本;(2)已支付保险费的凭证;(3)有关证明保险标的或当事人身份的原始文件,如账册、收据、发票、装箱单、运输合同等有关原始单据,证明当事人身份的身份证、工作证、户口簿或其他证明被保险人或受益人的姓名、年龄、职业等情况的材料;(4)保险事故证明及损害结果证明,如调查检验报告、出险证明、损害鉴定、被保险人死亡证明或丧失劳动能力程度鉴定、责任案件的结论性意见等;(5)索赔清单,如受损财产清单,各种费用清单,其他要求保险人给付的详细清单;(6)其他按规定应当提供的文件。

71.保险理赔需要经过哪些程序?

案例:

　　秦某购买了一辆宝马汽车,并按照规定在当地保险公司办理了全部的保险。不久,秦某在外地办事时汽车被盗。秦某向保险公司索赔。保险公司依照保险合同规定,通过一定的程序对秦某进行了理赔。问:保险理赔需要经过哪些程序?

专家解析:

　　保险理赔是指保险人在接到被保险人的索赔请求后,根据保险合同的规定,对保险事故所造成的财产损害进行调查审核并予以赔偿的行为。理赔是保险人履行合同义务的一个关键环节,直接关系到被保险人的切身利益,必须坚持主动、迅速、准确、合理的原则,并严格按照法律规定和合同约定进行。根据保险法的有关规定,保险人收到被保险人或者受益人的赔偿或者给付保险金的请求,以及投保人、被保险人或者受益人提供的与确认保险责任的性质、原因、损失程度等有关的证据资料后,应当及时作出核定,确认其主张是否合理,是否属于责任范围。经核定属于保险责任范围的,保险人即与被保险人或者受益人达成有关赔偿或者给付保险金的协议,协议达成后 10 日内,保险人应当履行赔偿或者给付保险金义务。保险合同对保险金及赔偿或给付期限有约定的,保险人应当依照保险合同的约定,履行赔偿或者给付保险金义务。

专家支招:

　　保险关系成立后,被保险人不仅应当对保险索赔程序了如指掌,对保险理赔程序也应当有详细的了解。保险理赔一般需要经过以下程序：

（1）立案检验、现场勘查。保险人接到出险通知并经查对有关保险单或保险凭证的号码、保险标的及保险期限无误的,按险别立案,并对保险关系人的通知事项予以登记。立案后,根据事故性质、特点,保险人酌情派员或聘请有关方面或者与有关方面联合对现场进行勘查。较大案件的检验方必须作出检验报告。

（2）审查单证。保险人要求保险关系人提供有关单证并予以审查。

（3）核定保险责任。保险人收到被保险人或者受益人的赔偿或者给付保险金的请求后,应当及时作出核定,经过对事实的调查和对各项单证的审查,决定自己是否应承担保险责任及承担多大责任。具体为:第一,严格审查保险合同的合法性和有效性,包括保险合同订立的程序是否违反诚实信用和保险利益原则,保险合同是否生效或者期满等。第二,根据近因原则审核确定造成保险标的损害的原因,进而以保险合同为依据确认发生的灾害事故是否构成保险事故。第三,审核被保险人是否及时、适当地履行了施救、保护及整理义务,未履行的,由此扩大的损失保险方拒绝赔偿,如果被保险人已履行义务的,应审核其支付的费用是多少。第四,审核是否存在对保险事故造成的损害依法承担赔偿责任的第三者,被保险人是否已向第三者提出赔偿请求以及支付了多少诉讼费用。如果被保险人已放弃向第三者追偿的,保险人可在其因此所受损失的范围内不负保险责任。如果由于被保险人的过错导致保险人支付赔款后不能向第三者进行追偿的,保险人可以相应扣减保险赔偿金。

（4）告知核定结果。保险人应当将核定结果及时通知被保险人或受益人,对属于保险责任的,应当履行赔偿或给付保险金义务;对于不属于保险责任的,应当向被保险人或者受益人发出拒绝赔偿或者支付保险金通知书。

（5）计算并支付赔款。对于属于保险责任的,保险人在核定责任的基础上,应分别按保险标的的损失、费用支出、损失收回、免赔额等项目,适用约定的赔偿方式和有关限额,计算出赔款数额,并迅速办理付款事宜。

(6)行使代位权。财产保险的保险人赔偿被保险人损失后,涉及责任第三者的,取得代位求偿权。保险人如接受被保险人委付请求的,还应取得对该标的物的权利并承担因此而产生的义务。

72.保险人应当在多长时间内履行赔付义务?

案例:

(同71)。问:秦某向保险公司提出索赔后,保险公司应当在多长时间内履行赔付义务?

专家解析:

承担赔偿(给付)责任是保险人的主要义务。保险标的由于保险事故而受损失时,保险人即应当根据合同所约定的赔偿或给付责任范围及时赔付。根据《保险法》第23条、第24条规定,保险事故发生后,保险人收到被保险人或者受益人的赔偿或者给付保险金的请求,以及投保人、被保险人或者受益人提供的与确认保险责任的性质、原因、损失程度等有关的证据资料后,应当及时作出核定,情形复杂的,应当在30日内作出核定,但合同另有约定的除外,以确认其主张是否合理,是否属于责任范围。经核定属于保险责任范围的,保险人应当与被保险人或者受益人达成有关赔偿或者给付保险金额的协议,协议达成后10日内,保险人应当履行赔偿或者给付保险金义务。保险合同对保险金及赔偿或给付期限有约定的,保险人应当依照保险合同的约定,履行赔偿或者给付保险金义务。可见,本案中保险公司向秦某履行赔偿或者给付保险金义务的期限有两种:(1)保险合同有约定的保险金赔偿或者给付期限的,按照约定的期限支付;(2)保险合同中没有约定的,保险公司应当与秦某就赔付进行协议,在有关赔偿或者给付保险金额的协议达成后10日内,保险公司应当履行赔偿或者给付保险金的义务。

专家支招:

保险人履行保险金赔偿或给付义务,被保险人或受益人接受保险金赔偿或给付,是保险合同效力执行的结果,任何单位或个人都不得非法干预保险人履行赔偿或者给付保险金的义务,也不得限制被保险人或受益人获得保险金赔偿或者给付的权利。保险人没有按约定或法定的期限履行保险金赔偿或者给付义务的,保险人除赔偿或给付保险金外,还应赔偿被保险人或者受益人因保险人的迟缓履行而受到的损失。当然,保险人依照《保险法》第23条规定作出核定后,对不属于保险责任的,应当自作出核定之日起3日内向被保险人或者受益人发出拒绝赔偿或者拒绝给付保险金通知书,并说明理由。

73.如何向保险公司领取保险赔款?

案例:

A地个体长途货运车主胡某与某公司签订了货物运输合同,将某公司的一批货物从A地运至B地。由于A、B两地相距较远,运输时间较长,胡某向A地的某保险公司投保了运输货物险和运输工具险。货物运输过程中,车辆途径一山区时,天降暴雨,山洪暴发,胡某虽然保住了性命,但货车及货物均被洪水冲走,损失惨重。胡某向保险公司提出索赔后,保险公司在核定责任的基础上,认为属于保险责任范围,计算出赔款数额后,迅速办理向胡某付款事宜。问:胡某应当如何向保险公司领取保险赔款?

专家解析：

保险人有履行赔偿或给付保险金的义务。保险合同一旦有效成立，在发生保险事故时，保险人即应按照保险合同的规定，承担赔偿责任，这是保险合同的直接效力，基于这种效力，保险人始终负有赔偿或给付保险金的义务。根据保险法规定，保险人收到被保险人或者受益人的赔偿或者给付保险金的请求后，应当及时作出核定，对属于保险责任的，在与被保险人或者受益人达成有关赔偿或者给付保险金的协议后 10 日内，或者按照保险合同对保险金额及赔偿或者给付期限的约定，履行赔偿或者给付保险金义务。保险人未及时履行规定义务的，除支付保险金外，应当承担违约责任，赔偿被保险人或者受益人因此受到的损失。

专家支招：

胡某应当按照以下要求向保险公司领取保险赔款：首先做好以下准备：一是出具相应的材料。领款人如果为被保险人的，应当提供《理赔领款通知书》或《拒赔通知书》、被保险人身份证原件、银行账号（需通过银行转账领款时）等；领款人如果为被受益人的，应当提供《理赔领款通知书》或《拒赔通知书》、受益人身份证原件、银行账号（需通过银行转账领款时）等；领款人如果为继承人的，应当提供《理赔领款通知书》或《拒赔通知书》、继承人身份证原件、银行账号（需通过银行转账领款时）、继承人确认公证书等；领款人如果为投保人的，应当提供《拒赔通知书》、投保人身份证原件、银行账号（需通过银行转账领款时）等；领款人委托他人代领的，除按上述要求提供材料外，还应当提供受托人身份证原件及领款人出具的《理赔委托书》。受益人或继承人如果为多人时，领款时应当同时出具多张《理赔委托书》及每一受益人或继承人的身份证明原件。二是选择领取保险赔款的方式。以下几种保险赔款的领取方式可以由领款人选择：以现金方式领取应得款项；通过银行转账方式领取保险赔款；以保险公司允许的其他方式领取保险赔款。

其次,按照以下步骤领取保险赔款:第一,确认。领款人在理赔部门办理身份确认手续, 由结案人员根据领款人提交的证明材料缮制《领款人身份及金额确认书》。第二,复核。由复核人员对《领款人身份及金额确认书》复核盖章后交领款人。第三,交接资料。保险合同如果此时继续有效的,结案人员将保险合同等原始资料交还投保人,并填写《资料交接凭证》,由投保人签名,客户联交合同投保人,公司联及业务员联留存;第四,领款。领款人到财务部门领取保险赔款。领款人向财务人员提交理赔结案人员签发的《领款人身份及金额确认书》、本人身份证,由财务人员确认后支付相应金额的款项。

74.什么情况下保险人可以直接向第三人赔偿保险金?

案例:

司机冯某驾驶一辆客货车逆向行驶,将骑车的魏某撞伤。经交警部门认定,冯某负事故的全部责任。同年9月,魏某的家属将冯某以及冯某投保的某保险公司同时告上法院, 要求赔偿各项损失合计76万元。法院一审判决保险公司在交强险范围内赔偿魏某12万元,冯某赔偿41万元。判决生效后,冯某找到保险公司称自己曾投保第三者责任险,可获赔20万元,要求保险公司将20万元理赔款直接支付给王某。但保险公司却认为,根据保险法,责任保险的被保险人给第三者造成损害,被保险人如未向第三者赔偿,保险人不得向被保险人赔偿保险金,冯某没有支付赔款给魏某,因此,保险公司不能直接把钱赔给魏某。问:什么条件下保险人可以直接向第三人赔偿保险金?

专家解析:

在责任保险种存在着保险人直接向第三人赔偿保险金的情况。所谓责任保险是指以被保险人对第三者依法应负的赔偿责任为保险标的的保险。根据《保险法》第 65 条规定,保险人直接向第三人赔偿保险金必须符合以下的赔偿范围和赔偿条件。

(1)赔偿的范围。保险法规定,保险人对责任保险的被保险人给第三者造成的损害,可以依照法律的规定或者合同的约定,直接向该第三者赔偿保险金。这表明保险人直接向第三人支付保险金一是依据现行法律规定,二是依据保险合同的约定。从当前的实际情况看,"现行法律规定"主要涉及地面第三人责任保险、船舶油污责任保险和机动车第三者责任强制保险。如,《中华人民共和国民用航空法》第 166 条、第 168 条规定:"民用航空器的经营人应当投保地面第三人责任险或者取得相应的责任担保。""……受害人可以直接对保险人或者担保人提起诉讼,但是不妨碍受害人根据有关保险合同或者担保合同的法律规定提起直接诉讼的权利:……"《中华人民共和国海事诉讼特别程序法》第 97 条规定:"对船舶造成油污损害的赔偿请求,受损害人可以向造成油污损害的船舶所有人提出,也可以直接向承担船舶所有人油污损害责任的保险人或者通过财务保证的其他人他提出。油污损害责任的保险人或者通过财务保证的其他人被起诉的,有权要求造成油污损害的船舶所有人参加诉讼。"《中华人民共和国道路交通安全法》第 76 条第 1 款:"机动车发生交通事故造成人身伤亡、财产损失的,由保险公司在机动车第三者责任强制保险责任限额范围内予以赔偿;不足的部分,按照下列规定承担赔偿责任……"。《机动车交通事故责任强制保险条例》第 31 条第 1 款:"保险公司可以向被保险人赔偿保险金,也可以直接向受害人赔偿保险金。"除此之外,目前并无其他法律规定保险人可以直接向第三者赔偿保险金。而在司法实践中,"合同的约定"目前尚无适用余地。

(2)赔偿的条件。根据保险法规定,在责任保险中,被保险人给第三者造成损害的,保险人可以直接向第三者赔偿保险金。但保险人直接向第三者赔偿保险金应当具备以下条件：一是被保险人对第三者应负的赔偿责任已经确定；二是被保险人请求保险人直接向第三人赔偿保险金；三是被保险人已经向该第三者赔偿。这里的"赔偿责任"应当是赔偿责任数额，如果应付的赔偿责任没有确定，被保险人就不能要求保险公司向第三者赔偿，保险公司也不会向第三者赔偿。赔偿责任确定的，根据被保险人的请求，保险人应当直接向该第三者赔偿保险金。此外，为了保护第三者，避免保险公司向被保险人赔付后，被保险人把赔款挪作他用而不赔付第三者，保险法强调责任保险的被保险人给第三者造成损害，被保险人未向该第三者赔偿的，保险人不得向被保险人赔偿保险金。只有同时具备这上述条件时，保险人才能依照法律规定或者合同约定直接向第三人赔偿保险金。

专家支招：

从上面的分析可以看出，本案中的冯某要求保险公司直接向魏某赔偿保险金，在虽然法律规定的责任保险范围内，但未先行向受害人魏某支付赔偿金，因此，保险公司可以拒绝直接向魏某赔偿保险金。实践中为了实现保险人直接向第三者支付保险金，各方权利人应当注意以下问题：（1）如果被保险人怠于请求的，第三者应当就其应获赔偿部分直接向保险人请求赔偿保险金。（2）在保险公司核赔结果出来后要求保险公司直接向第三者赔付。现在的第三者责任保险都约定只有被保险人才有权利向保险公司申请理赔。保险赔付流程是被保险人向保险人提出理赔申请；保险公司核赔；核赔结果下来后，被保险人凭理赔申请单、本人身份证原件等到保险公司领取赔付款。如果在保险公司核赔结果后被保险人要求保险公司直接向第三者赔付，保险公司的操作就很简单，对第三者也是比较有利的，因为在申请理赔阶段有很多的事情要做，若被保险人把权利转让给第三者，无疑增加了第三者的成本和风险。（3）第三者责任保险赔付时，被保险人必须向保险人出示已经向第三者赔付的证明，如赔付收据等。

75.如何预防保险纠纷的发生?

案例:

乔某向保险公司提出汽车保险的变更请求,即将保险标的从一辆桑塔纳汽车变更为一辆大众汽车。保险公司的一名业务员承诺变更保险标的没有问题,并会提供一个临时的保险。乔某自然地认为,其原来的保单是对经授权驾驶这辆桑塔纳汽车的任何驾驶员进行承保,那么现在应该完全变更到其新买的大众汽车上。而后来,保险公司提供的保单上却载明对这辆大众汽车承保的驾驶员仅限于投保人乔某。不久,乔某的儿子驾车这辆大众汽车肇事。乔某请求保险金时,保险公司因其保单上的载明条款拒绝赔付。乔某认为在这个问题上保险公司存在过错,应当承担相应的责任。为此,乔某与保险公司发生纠纷。问:如何预防发生保险纠纷?

专家解析:

保险纠纷也称保险争议,是指保险公司与投保人、被保险人、受益人之间,在保险过程中因权利义务关系而产生的争议。保险纠纷是现实生活中常见纠纷之一。实践中,财产保险中的纠纷焦点多集中在保险事故的性质、原因和损失程度上,而人身保险中的纠纷焦点多集中在投保人、被保险人是否履行告知义务上。这些纠纷既有实体争议也有程序争议,最终都体现为保险公司是否应当承担保险责任以及应当承担什么程度的保险责任。分析本案保险纠纷的发生,投保人乔某和保险公司都存在一定的过错。乔某对变更后的保单没有给予足够的注意,想当然地认为只是保险标的一项内容发生变化,对其他内容却没有认真审阅;而保险公司对保险单超出投保人请求范围的变更内容没有向投保人作出明确表示和说明,显然双方都存在的过错导致了这一保险纠纷的发生。保险纠纷的发生,不仅使正常的保险关系得不到维护,还会使保险当事人的合法权益受到损害,不利于社会稳定。

专家支招:

　　保险纠纷发生后虽然可以通过和解、调解、仲裁、诉讼等途径加以解决,但这些事后救济措施必定有一定的滞后性和不经济性,因此,防范保险纠纷的发生应当是处理纠纷的更有效对策。为了防止保险纠纷的发生,投保人在购买保险时应当注意以下问题:(1)合理制定保险计划。投保人要想在遭遇危险时顺利地索赔并获得理赔,购买保险时应当在确定了自己的保险需求后制定合理并切实可行的计划。一个人在不同的阶段有不同的保险需求, 不同的人也会有不同的保险需求,因此,投保人应当根据自己的需要适当选择和确定保险内容和保险的保障范围,多选择对于自己来说可能是最常见的风险进行投保,这样既可以使自己的利益得到保障,有可以避免不必要的浪费。一般情况下,制定保险计划应当考虑年龄、性别、家庭、职业、健康、收入等因素。(2)选择服务质量高、信誉良好的保险公司。好的保险公司不但在解决纠纷时效率高、质量好,而且会有良好的信誉和科学的运作模式,从而可以大大降低产生纠纷的可能性。(3)要掌握一定的保险常识和法律知识。投保人要对投保的险种有明确的认识,充分了解保险各方的权利义务,作到合同条款严密,不存在漏洞,避免产生歧义等。(4)如实履行告知义务。保险合同是诚实信用合同,保险人与投保人均应向对方履行说明和告知义务,只有这样才能避免纠纷的发生。

76.保险纠纷可以通过哪些途径解决?

案例:

　　郑某在某保险公司业务员于某的劝说下,为自己的儿子办理了一份分红性质的人寿保险。于某在办理保险的过程中了解到郑某的儿子因患心脏病住过院，于是又极力推荐郑某为儿子购买了住院赔付保险。入保一年以后，郑某的儿子因心脏病住院治疗。郑某向保险公司索赔时，保险公司发现保险受益人在投保之前就曾因心脏病住过院，于是下达了"合同内容变更通知书"。由于郑某不接受保险公司合同变更的内容及要求，保险公司随即又下达了"撤销保险合同通知书"。面对这样的保险纠纷，郑某一时想不出解决的办法。问：保险纠纷发生后可以通过哪些途径解决？

专家解析：

由于各种因素的影响，保险中极易发生保险纠纷，如各方当事人对保险权益的主张和要求出现分歧，保险合同当事人不明确，投保人不按约定交纳保险费期间发生保险事故的赔偿责任，保险人拒绝赔付或拖欠赔付等，都是保险纠纷的具体表现。

专家支招：

保险纠纷一旦出现，投保人、被保险人和受益人应当积极维护自己的合法权益，根据有关法律和保险条款的规定，通常可以通过以下途径加以解决：

（1）当事人协商解决保险纠纷。当事人协商是指保险人与被保险人、受益人在自愿平等的基础上，直接洽商，互谅互让，达成协议，由违约人承担责任，以满足债权人的要求，以公平解决保险纠纷的方法。

（2）调解解决保险纠纷。调解是指由除人民法院和仲裁机构以外的第三方作为保险人与被保险人、受益人之间的调解人，就有关争议的问题达成一致的解决保险纠纷的方法。通过协商或调解达成的协议，不具有强制力，靠当事人自觉履行。如果一方当事人对协议反悔，可以向仲裁机构申请仲裁，或向人民法院提起诉讼。

（3）申请仲裁解决保险纠纷。仲裁是指保险纠纷当事人将其保险争议提交仲裁人居中调解，予以裁决的方法。国内当事人之间的保险纠纷可以提交仲裁委员会仲裁解决。涉外保险纠纷可提交双方当事人指定或约定的涉外仲裁机构仲裁。当事人将保险争议提交仲裁的,必须要有仲裁条款或书面仲裁协议,否则仲裁机构不予受理。同时,当事人在保险合同中订有仲裁条款或者事后达成书面仲裁协议的,就不得向人民法院起诉,除非当事人之间撤销该条款或协议。保险纠纷的仲裁裁决,具有法律强制力,当事人应当履行,一方在规定的期限内不履行的,另一方可以申请人民法院强制执行。

（4）通过诉讼解决保险纠纷。诉讼是人民法院在诉讼当事人和其他诉讼参加人的参加下,依照法定程序对保险争议予以审查作出判决或裁定的活动。诉讼是解决保险纠纷的最基本方式。保险纠纷诉讼属于民事诉讼范畴,按照民事诉讼法规定的诉讼程序进行。利用诉讼方式解决保险纠纷的,当事人应注意审查该案件是否符合起诉的条件,如是否由受诉人民法院管辖,是否超越了诉讼时效,是否为不得起诉的案件等。当事人应按时参加法庭审理,充分行使诉讼权利,依法履行诉讼义务,必要时,可以委托律师代为自己进行诉讼。人民法院作出的发生法律效力的判决或裁定,具有法律强制力,当事人必须执行,否则,可以由人民法院强制执行。

77.哪些保险纠纷适宜采用和解方式来处理?

案例:

钱某认识了某保险代理员黄某。黄某向钱某推荐一款人身保险,钱某同意购买保险。黄某在没有向黄某作任何询问的情况下,代替黄某填写了健康告知事项,并代替黄某在被保险人处签了名。之后,黄某因病住院治疗花掉医药费2万元,为此向保险公司请求支付保险金。保险公司经调查发现钱某实为带病投保,拒绝赔偿。黄某向律师咨询解决纠纷的方法,被告知该保险纠纷比较适宜通过纠纷双方和解的方式解决。问:哪些保险纠纷适宜采用和解方式来解决?

专家解析:

　　和解是指保险公司与投保人、被保险人、受益人发生纠纷后,就与纠纷有关的问题进行协商,以达成和解协议,解决纠纷的行为。由于和解是保险当事人自力救济的一种纠纷解决方式,具有及时、直接、平和等特点,因此发生保险纠纷时,提倡纠纷双方通过协商和解的方式解决问题。和解解决保险纠纷应当符合下列条件:(1)和解必须基于保险纠纷双方当事人自愿。所谓当事人自愿是指自愿接受和解、自愿进行和解和自愿达成和解协议。协商和解必须在纠纷双方同意后,在完全自愿的情况下进行,一方不得强迫另一方协商,更不得采用暴力、威胁等手段强迫对方接受和解条件。和解达成后,当事人自觉履行,当事人一方不履行的,可以重新协商,任何一方不得强制对方履行。双方不愿和解或达成和解协议后反悔的,应当通过其他途径解决保险纠纷。(2)和解的范围仅限于保险纠纷当事人可以处分的权利和义务。当事人协商和解的范围只限于以民事权利和民事义务为内容的保险纠纷,必须是针对当事人有权处分的权利和义务。(3)协商和解不得损害国家利益、社会利益或其他第三人的利益。保险纠纷当事人协商和解不得以损害国家利益、公共利益或其他第三人的利益为条件或代价,否则,和解协议应视为无效,而且还将视行为的情节和后果,依法追究行为人的刑事责任。只有在同时具备上述三个条件的情况下,保险纠纷双方才可以通过协商的方式解决纠纷,缺少其中任何一个条件,纠纷双方都无权和解,即使达成了和解协议也是无效的。

专家支招:

　　本案中,保险代理员黄某在人身保险业务时,在不询问的情况下代替被保险人填写健康告知事项,并代替被保险人签名,属于违反保险业务规则的行为;而黄某对于自己患有疾病的情况也没有如实向保险代理员告知,无论是否出于故意,都是存在过错的。出现这种被保险人带病投保的情况,对保险公司和被保险人双方都不利,发生纠纷如果通过诉讼方式解决,双方都没有胜诉的把握,因此,最好的方式是黄某与保险公司协商达成一致,通过和解的方式解决纠纷。保险实践中,还有以下保险纠纷适宜通过和解方式解决:

（1）对保险事故是否属于保险责任范围难以确定或认识不一的。在保险理赔中,保险事故是否属于保险责任范围的判断标准是近因原则, 但近因原则在民法中及保险法中都是一个十分复杂的法律问题。如果保险公司的理赔人员很难分析和判断某一保险事故是否属于保险责任范围,或者与被保险人或受益人的认识不一致,难以对被保险人或受益人作出充分的有说服力的说明和论证时,常以和解的方式处理纠纷。

（2）索赔单证不足时的保险金额确定。保险理赔中证明和资料越多,保险理赔就越为严谨和规范。被保险人或受益人提供资料,都会有时间和金钱上的支出,一味要求被保险人或受益人提供,会造成被保险人或受益人的不理解甚至抵触。在某一事实真实可信的情况下,在被保险人、受益人对请求金额作出一定让步的情况下,保险公司可以不再要求被保险人、受益人一定提供某种单证,双方可以协商确定赔偿金额。

（3）被保险人违反义务或保证的。如果被保险人违反义务或保证对保险事故的发生没有直接因果关系,应当协议解决赔偿给付问题。

78.对保险纠纷申请仲裁应当符合哪些条件?

❀   ❀   ❀

案例:

张某因保险事故发生后向保险公司索赔时遭到拒绝,与保险公司发生纠纷,双方虽经多次协商,均未达成一致。张某不想打官司,在四处寻求解决纠纷的有效方法时,朋友建议其提请仲裁。问:张某申请保险纠纷仲裁需要符合哪些条件?

专家解析:

仲裁是指当事人依据仲裁法,双方自愿达成协议选定仲裁机构并由其主持调解或对纠纷作出裁决的一种处理纠纷方式。作为一种解决财产相对权益纠纷的民间性裁判制度,与诉讼相比,仲裁有很大的灵活性和便利性,当事人有权选择仲裁员,可以避免诉讼中的繁琐程序,其专家断案、一裁终局不公开审理等特点恰好能满足保险人与被保险人、受益人解决争议的特殊需要。《中华人民共和国仲裁法》(以下简称《仲裁法》)第 2 条规定:"平等主体的公民、法人和其他组织之间发生的合同纠纷和其他财产权益纠纷,可以仲裁。"由此可见,保险人与被保险人、受益人可以就因保险合同引发的纠纷和因涉及保险利益引发的侵权纠纷提起仲裁。

专家支招:

本案中,张某如果提请保险纠纷仲裁,应当同时具备以下条件:

(1)有仲裁协议。仲裁协议是保险纠纷当事人双方以书面协议的形式,载明自愿将他们之间可能发生或者已经发生的纠纷,提请仲裁机构进行裁决的共同意思表示的法律形式。申请仲裁的先决条件是保险人与被保险人、受益人已经达成了仲裁协议。仲裁协议表现为以保险合同条款形态出现的仲裁条款,或者是以独立形态出现的仲裁协议书。当事人将保险争议提交仲裁的,必须要有仲裁条款或书面仲裁协议,如果没有达成仲裁协议,或者虽有仲裁协议,但一方已经向人民法院提起了诉讼,另一方应诉的,仲裁机构对将不予受理。仲裁协议必须有效,无效的仲裁协议不能作为申请仲裁的依据。无民事行为能力的人或限制民事行为能力的人订立的仲裁协议,或者约定的仲裁事项超出了规定的仲裁范围的仲裁协议,或者一方采取强迫手段迫使对方订立三仲裁协议均属无效。

(2)有具体的仲裁请求和事实、理由。所谓具体的仲裁请求,是指保险纠纷当事人请求仲裁机构解决的具体问题,如请求保险人给付保险金、赔偿损失等。所谓具体的事实和理由,是指保险纠纷当事人提出仲裁请求的事实依据和法律依据。

(3)属于仲裁委员会的受案范围。属于仲裁机构受理范围的纠纷,只限于平等主体的公民、法人和其他组织之间发生的合同纠纷和其他财产权益纠纷。对于保险纠纷来讲,因保险合同引发的纠纷和因涉及投保人、被保险人、受益人的民事权益引发的侵权纠纷,均可提请仲裁。

(4)向仲裁委员会提交仲裁协议、仲裁申请书及其副本。保险纠纷当事人申请仲裁,必须采用书面形式,即应当向仲裁委员会提交仲裁申请书。

79.保险纠纷仲裁当事人不执行仲裁裁决怎么办?

案例:

投保人李某因与保险公司发生保险纠纷,依据保险合同中的仲裁条款规定,向仲裁委员会提请仲裁。仲裁委员会受理后,通过依法审理并最后作出仲裁裁决。然而,保险公司拒不执行仲裁裁决。问:保险人拒不执行仲裁裁决,投保人、被保险人应当怎么办?

专家解析:

仲裁裁决书自作出之日起即具有法律效力,对保险纠纷双方当事人都具有约束力和强制执行力,双方当事人应当自觉、全面、及时地履行仲裁裁决中所确定的义务。我国《仲裁法》第62条规定:"当事人应当履行仲裁裁决,一方当事人不履行的,另一方当事人可以依据民事诉讼法的规定向人民法院申请执行。"《中华人民共和国民事诉讼法》(以下简称《民事诉讼法》)第237条第1款规定:"对依法设立的仲裁机构的裁决,一方当事人不履行的,对方当事人可以向有管辖权的人民法院申请执行。受申请的人民法院应当执行。"上述规定表明,保险纠纷一方当事人不执行生效的仲裁裁决的,对方当事人有权向有管辖权的人民法院申请强制执行。

专家支招:

本案中,保险公司不执行仲裁裁决,李某可以向人民法院申请强制执行仲裁裁决。向人民法院申请强制执行仲裁裁决需要注意:(1)应当提交申请执行书,如果书写确有困难的,可以口头申请,由执行人员记录在案。申请执行有一定的期限,即双方或者一方当事人为公民的,申请执行的期限为1年,双方是法人或者其他组织的,申请执行的期限是6个月。无正当理由逾期提出执行申请的,人民法院可以驳回申请,不予执行。(2)应当向被申请人所在地或被执行财产所在地的基层人民法院申请执行。(3)被执行人提出证据证明仲裁裁决有下列情形之一的,经人民法院组成合议庭审议核实,裁定不予执行:当事人在合同中没有订立仲裁条款或者事后没有达成书面仲裁协议的;裁决事项不属于仲裁协议的范围或者仲裁机关无权仲裁的;仲裁庭的组成或者仲裁的程序违法的;认定事实的主要证据不足的;使用法律有错误的;仲裁员在仲裁该案时有贪污受贿、徇私舞弊、枉法裁决行为的;仲裁裁决违背社会公共利益的。仲裁裁决被人民法院裁定不予执行的,当事人可以根据双方达成的书面仲裁协议重新申请仲裁,也可以向人民法院起诉。

80.投保人、被保险人能申请撤销仲裁裁决吗?

案例:

康某与某保险公司订立了财产保险合同。保险责任期间内发生保险事故,康某向保险公司索赔。保险公司以免责为由拒不承担保险责任。根据保险合同中有关保险纠纷提交仲裁的约定,康某向仲裁委员会提请仲裁。仲裁庭经审理作出仲裁裁决。在仲裁裁决执行过程中,康某意外发现仲裁庭组成人员张某在仲裁该案时收受了对方保险公司的贿赂。康某认为仲裁员枉法裁决,该仲裁裁决不应具有法律效力。问:投保人、被保险人能申请撤销仲裁裁决吗?

专家解析:

由于仲裁裁决对保险纠纷的解决具有终局性,因此,作出仲裁裁决应当符合法律的规定。当仲裁裁决具有法律规定的特定情形时,由当事人申请并经人民法院组成合议庭审查核实后,可以裁定撤销仲裁裁决,以纠正仲裁错误。根据《民事诉讼法》第237条规定,仲裁庭对保险纠纷作出仲裁后,保险人或者被保险人、受益人中的任何一方,如果提出证据证明仲裁裁决有下列情形之一的,可以向人民法院申请撤销仲裁裁决:(1)没有仲裁协议的;(2)裁决的事项不属于仲裁协议的范围或者仲裁委员会无权仲裁的;(3)仲裁庭的组成或者仲裁的程序违反法定程序的;(4)裁决所依据的证据是伪造的;(5)双方当事人隐瞒了足以影响公正裁决的证据的;(6)仲裁员在仲裁该案时有索贿受贿、徇私舞弊、枉法裁决行为的。人民法院经组成合议庭审查核实仲裁裁决有以上情形之一的或者认定仲裁裁决违背社会公共利益的,应当裁定撤销仲裁裁决。本案中,康某如果有证据证明仲裁人员张某在仲裁案件时收受保险公司贿赂的,可以向人民法院申请撤销仲裁委员会作出的仲裁。

专家支招:

康某申请撤销仲裁裁决,应当注意:(1)应当在收到仲裁裁决书之日起6个月内提出撤销仲裁裁决申请。(2)应当向仲裁委员会所在地的中级人民法院申请撤销仲裁裁决。(3)应当提交申诉状,并写明以下内容:当事人的姓名、法人的名称及其法定代表人的姓名或者其他组织及其主要负责人的姓名;原仲裁委员会名称、地址、案件编号和案由;申请请求和所根据的事实和理由;证据和证据来源及证人姓名、住所等。人民法院在收到申诉状并立案后,应组成合议庭审查核实,并应当在受理之日起2个月内,作出撤销仲裁裁决或者驳回申请的裁定。(4)应当承担"具有应当撤销情形"的举证责任。

81.不经向保险人索赔是否可以直接向人民法院提起诉讼?

案例:

史某为自己经营的超时购买了一款财产保险。一日,当地突发洪水,超市被淹,致货物损失2万余元。史某向保险公司告知发生保险事故,保险公司进行了现场核查。之后,史某一边忙于超市恢复经营,一边等待保险公司赔偿。但是一个多月过去了,仍未见保险公司赔偿,于是史某向当地法院提起诉讼,请求判令保险公司赔偿自己的损失。法院未受理史某的起诉。问:法院的处理是否正确?

专家解析:

这是一个关于不经向保险人索赔,被保险人或者受益人是否可以直接向人民法院提起诉讼的问题。提起诉讼的前提是当事人之间发生了争议,如果没有争议则不能提起诉讼。保险事故发生后,被保险人或者受益人有取得保险金的权利,保险人有赔偿或者给付保险金的义务。如果被保险人或者受益人不向保险人提出索赔申请,保险人就没有主动承担赔偿或给付保险金责任的义务,保险人与被保险人、受益人之间就没有产生纠纷,如果这时被保险人或者受益人直接向人民法院提起诉讼,人民法院将不会受理。可见,被保险人、受益人只有经向保险人索赔后,权益未得到维护的,才可以向人民法院提起诉讼。因此,本案中法院的做法是正确的。

专家支招：

　　投保人、被保险人、受益人应当注意的是：告知保险人保险事故发生和向保险人提出保险索赔请求是两个不同的概念。它们虽然都是索赔的必经程序,但其中告知保险事故发生是投保人、被保险人、受益人必须履行的义务,而提出索赔申请既是被保险人或者受益人应当履行的合同义务,也是一项合同权利。被保险人、受益人可以申请索赔,也可以不要求保险人承担保险责任。本案中的史某如果要求保险公司赔偿就应当在履行告知义务后,再主动行使请求赔偿的权利,否则将被视为放弃赔偿请求权。实践中,被保险人、受益人如果有以下行为的,如向保险人提交要求承担保险责任、履行赔偿或者给付义务的文件,填写保险公司印制的索赔申请书, 向保险公司提交有关保险事故性质、原因、损失程度等的证明和资料等,都可以被视为是提出了索赔申请,是在行使保险金请求权。

82.向人民法院提起保险纠纷诉讼应当具备哪些条件?

案例：

　　(同81)。史某在告知保险公司发生保险事故后,向保险公司索赔,但保险公司拒绝赔偿。于是史某决定向人民法院提起诉讼。问:向法院提起保险纠纷诉讼应当具备哪些条件?

专家解析：

　　保险纠纷中的起诉是指保险人、被保险人、受益人认为自己的合法权益受到侵害或者与保险人发生争议,以自己的名义请求人民法院通过审判给予司法保护的诉讼活动。起诉的目的是要引起诉讼程序的开始，通过人民法院的审判使合法权益得到维护或者保险争议得到解决。起诉是原告的单方诉讼行为，保险人、被保险人、受益人均可以作为原告向人民法院提起诉讼，但必须符合以下条件：(1)必须是与本案有利害关系的公民、法人和其他组织。原告必须是在保险活动中合法权益受到侵害的人，当事人因故不能起诉的，可以委托代理人代为起诉。(2)必须有明确的被告。原告向人民法院提起诉讼，必须明确被诉人即对方当事人，如必须明确地说明为其提供保险服务的经营者是谁，其合法权益的损害是由哪个经营者直接或者间接造成的，哪个经营者应当对其遭受的损害承担民事赔偿责任等。如果原告不知道是谁侵犯了自己的合法权益，则会出现无人应诉的情况，也无法进行诉讼，人民法院也无从审理。(3)必须有具体的诉讼请求和事实根据。具体的诉讼请求是指原告向人民法院提起诉讼要求解决的问题。原告必须明确、具体地提出要求被告承担民事责任的方式，如要求保险人赔偿损失、支付应当支付的保险金、退还保险费等。原告可以要求被告以其中的一种或数种方式来承担民事责任。诉讼请求要有事实根据，包括保险权益争议的事实，即纠纷是如何发生的，争议的内容等，还包括保险权益争议的证据事实，即能证明保险权益纠纷案件的一切材料。当事人对自己提出的主张有责任提供证据。(4)属于人民法院受理民事诉讼的范围和受诉人民法院管辖。属于人民法院受理民事诉讼的范围是指保险争议事项是当事人之间因财产关系和人身关系而引起的民事诉讼；属于受诉人民法院管辖是指符合民事诉讼法规定的级别管辖、地域管辖或者指定管辖、移送管辖的要求，即通常应当向被告住所地或者侵权行为地、合同履行地的基层人民法院提起诉讼，有重大影响的案件，则可以由中级人民法院管辖。

专家支招：

史某作为原告向人民法院提起保险纠纷诉讼，(1)与保险公司之间须未订立仲裁条款或事后也未达成仲裁协议，否则，法院对起诉不予受理；(2)应当向人民法院提交起诉状，并按照对方当事人的数量提交起诉状副本,如果书面起诉确有困难的,可以口头起诉;(3)应当在诉讼时效内提起诉讼;(4)起诉后,人民法院必须对原告的起诉进行审查,并在 7 日内作出是否立案的决定。符合立案条件的,决定立案的,案件将进入审理前的准备阶段;不符合立案条件的,裁定不予受理。当事人不服不予受理裁定的,可以向上一级人民法院提起上诉。(5)起诉后,不得以同一事实理由就同一诉讼请求对同一被告再行起诉,即禁止另行起诉。(6)起诉所引起的程序,除民事诉讼法规定的情形外,任何组织或个人不得随意解除和终止。

83.保险纠纷应当向何地人民法院提起诉讼?

案例:

   居住在 A 地的曹某在 B 地经营着一家小型电机厂,并在 B 地的某保险公司购买了企业财产保险。在履行保险合同期间,曹某与保险公司发生争议。曹某欲起诉保险公司,并书写了诉状。问:曹某应当向何地的人民法院提起诉讼?

专家解析:

   保险纠纷应当向何地人民法院提起诉讼,是由保险纠纷的诉讼管辖决定的。保险法和保险监督管理机构制定的保险条款对保险纠纷诉讼管辖都没有具体规定,因此,当事人应当根据民事诉讼法的有关规定,自行选择诉讼管辖法院,行使诉讼权利。《民事诉讼法》第 34 条规定:"合同或者其他财产权益纠纷的当事人可以书面协议选择被告住所地、合同履行地、合同签订地、原告住所地、标的物所在地等与争议有实际联系的地点的人民法院管辖,但不得违反本法对级别管辖和专属管辖的规定。"根据这一规定,保险人、被保险人可以在保险合同中约定由被告住所地、合同履行地、合同签订地、原告住所地、标的物所在地等人民法院对保险纠纷进行诉讼管辖。从地域管辖来看,民事诉讼法一般以原告就被告为原则,即在一般情况下,原告应当向被告所在地的人民法院提起诉讼。被告是自然人的,被告所在地就是被告住所地,即其户籍所在地,被告住所地与经常居住地不一致的,由经常居住地的人民法院管辖。经常居住地是指自然人离开户籍所在地至起诉时连续居住 1 年以上的地方。被告是法人的,以它的主要办事机构为住所;被告是其他非法人组织的,其主要办事机构为住所,无办事机构的,注册登记地法院为管辖法院。

专家支招:

由于保险合同纠纷诉讼中绝大部分情况下保险公司为被告,所以从有利于自身的角度出发,保险公司自行设计和制定的保险条款几乎都规定诉讼管辖法院为被告所在地、保险公司所在地及保单签发地法院,因此,被保险人作为原告的,应当按照合同约定向保险公司所在地或保单签发地的人民法院提起诉讼。本案中,保险公司所在地、保单签发地、合同履行地等均为 B 地,因此,曹某应当向 B 地的人民法院提起诉讼。此外,根据《民事诉讼法》第 35 条规定,两个以上人民法院都有管辖权的诉讼,原告可以向其中一个人民法院起诉;原告向两个以上有管辖权的人民法院起诉的,由最先立案的人民法院管辖。

84.保险人是否能以诉讼方式要求投保人支付保险费?

案例:

(1)某保险公司与王某订立的家庭财产保险合同中约定投保人分期支付保险费用。然而,王某在支付了首期保险费后,便不再支付后续的保险费。保险公司经催缴,王某始终不予缴纳,便向法院提起诉讼,要求王某支付保险费。法院最终支持了保险公司的主张。

（2）李某购买了某保险公司的人寿保险后，却欠缴保险费。保险公司将李某告上法庭，请求法院判令李某支付保险费。然而法院却驳回了保险公司的起诉。问：法院为什么对同为支付保险费的请求作出不同的处理？

专家解析：

上述两个案例说明的是投保人不缴纳保险费，保险人能否以诉讼的方式要求投保人支付保险费的问题。保险费是投保人根据保险合同的约定，为获得保险保障而交付给保险人的费用。由于投保人向保险人支付保险费，目的是用来交换保险人在保险期间承保风险的对价，所以，保险合同成立后，投保人应当按照约定交付保险费，保险人按照约定的时间开始承担保险责任。如果投保人不缴纳保险费，保险人是否可以以诉讼方式要求投保人缴纳，在财产保险和人身保险中有不同的结论。

财产保险的保险费是以危险成本为基础，属于补偿性合同，保险人依靠风险分散，分摊损失来经营保险，所以对保险人来说，只要保险人的财产受到合同的保障，投保人未缴纳的保险费就属于对保险人的负债，保险人完全可以以诉讼的方式来实现自己的债权。因此，财产保险的保险人可以以诉讼方式要求投保人支付保险费。这样就清楚了法院对案例一中的保险公司的诉讼请求予以支持的理由。

案例二中涉及的是人身保险中的人寿保险。《保险法》第38条规定："保险人对人寿保险的保险费，不得用诉讼方式要求投保人支付。"这一规定明确了人寿保险的保险人不得诉讼方式要求投保人支付保险费。人寿保险是附带有生存保障的险种，其保险费的计算方式与其他险种不同。保险费的一部分具有储蓄的性质，是保险人对投保人的债务，在合同约定的给付条件满足时，保险人要履行给付保险金的义务，相当于返还，而且返回的数额要多于保险费的数额。保险费用于积存责任准备金，在交纳一定时间后即具有现金价值，既不属于保险人已经取得的保险利益，也不是保险人的利润收入。因此，即使是保险合同生效后,投保人没有按照合同约定支付分期保险费的,保险人只可以根据法律规定中止合同效力、减少保险金额或者解除合同,而不得以诉讼方式要求投保人支付保险费。

专家支招:

在以诉讼方式请求保险费的问题上,需要注意的是并非所有的人身保险的保险费都不能通过诉讼方式请求。除了人寿保险外,人身保险还包括健康保险、意外伤害保险等。健康保险和意外保险等,保险人就可以诉讼方式要求投保人支付保险费。原因是意外保险和健康保险一般不具有人寿保险的前述特征,保险期间相对较短,一般都是 1 年,保额也较少,因此,法律对保险人以诉讼方式主张其保险费不作限制,即保险人可以根据实际需要选择诉讼方式要求投保人支付保险费。

85.保险纠纷诉讼中的举证责任如何承担?

案例:

张某向保险公司投保了家庭财产保险,保险金额为 3 万元,保险期限为 1 年。一日,张某外出时,其患有精神疾病的儿子田某在家取暖时引发火灾,造成房屋及家中的全部财产被烧毁,损失十分严重。张某向保险公司提出赔偿请求后,保险公司及时对事故现场进行了勘察,了解到田某患有精神疾病,且火灾是由于田某造成的,于是以此为由拒绝赔付。张某向人民法院提起起诉,被告知应当承担举证责任。问:什么是举证责任? 保险纠纷诉讼中的举证责任如何承担?

专家解析:

举证责任是指当事人对自己提出的诉讼主张有责任提出证据加以证明。举证责任包括三层含义:第一,当事人对自己主张的事实,应当提供证据;第二,当事人所提供的证据,应当能够证明其主张具有真实性;第三,当事人对其主张不能提供证据,或所提供证据不能证明其主张具有真实性,而且人民法院依据职权收集不到证实其主张的证据的,要承担不利的法律后果。举证责任承担的一般规则为"谁主张,谁举证",即原告、被告和第三人对自己的主张负有提供证据加以证明的责任。特殊案件中,举证责任倒置,即被告承担证明责任。

考虑到保险事故的特殊性和民事诉讼举证责任的一般原则,《保险法》第22条规定:"保险事故发生后,按照保险合同请求保险人赔偿或者给付保险金时,投保人、被保险人或者受益人应当向保险人提供其所能提供的与确认保险事故的性质、原因、损失程度等有关的证明和资料。保险人按照合同的约定,认为有关的证明和资料不完整的,应当及时一次性通知投保人、被保险人或者受益人补充提供。"这一规定表明,保险纠纷诉讼中的举证责任应当适用保险法的特别规定,即被保险人、受益人对其"能够证明"的证据承担举证责任,而不属于被保险人、受益人"能够证明"的证据,应当由保险公司承担举证责任,即举证责任倒置。至于哪些证据属于被保险人、受益人"能够证明"的范围,保险公司负有举证责任。

专家支招:

以下事实一般属于被保险人、受益人"能够证明"的范围,被保险人、受益人应当承担举证责任:(1)被保险人、受益人承认存在的证据,如证人证言、鉴定结论等。(2)有关部门依据职权对保险事故进行处理后,向被保险人、受益人签发的保险事故调查报告或处理结论,如公安机关签发的道路交通事故责任认定书。(3)医疗单位或公安机关依法向死者家属出具的死亡证明。(4)被保险人、受益人因过失未保存或保护好保险标的,造成保险事故的性质、原因或损失程度无法确定的情况。

以下情况超出了被保险人、受益人"能够证明"的范围,应当由保险人承担举证责任:(1)保险标的因保险事故灭失,或虽未灭失但无法查勘,如沉船。(2)虽然可以接近并对保险标的进行查勘,但现代科学技术条件下,无法确定保险事故的性质和原因。(3)保险事故只有被保险人自己知道,没有其他证人。(4)有关政府部门可以对保险事故进行查勘鉴定,但法律并没有明确规定这些部门有必须进行查勘鉴定的义务,这些部门对被保险人、受益人的请求不予理睬,故被保险人、受益人无法提供鉴定结果。

此外,被保险人、受益人和保险人并不是对所有的主张或事实都必须提供证据予以证明,以下几种情况不需证明即视为真实,可以免除被保险人、受益人和保险人的举证责任:(1)众所周知的事实和自然规律及定理,如自然灾害、战争等。这类事实其明显的真实性成为免证理由。(2)推定的事实。根据法律规定或一种事实而推定的另一事实的结论,这种推定是建立在法律规定和严密的逻辑基础上的。(3)已为人民法院发生法律效力的判决确定的事实。它对解决有关同样的案件具有法律约束力。(4)已为合法有效的公证文书证明的事实。(5)保险人对被保险人、受益人的陈述明确表示承认的,被保险人、受益人也可以免除举证责任。

86.保险纠纷诉讼当事人申请先予执行应当符合哪些条件?

案例:

某工厂向保险公司投保了企业财产综合险,约定保险期限为 1 年,保险金额为 500 万元。保险合同成立后 1 个月,该厂发生火灾,大部分生产原料被烧毁,造成的损失经核算为 200 万元。该厂进行保险索赔时与保险公司发生争议,后将对方起诉到法院。法院审理案件的过程中,该厂提出先予执行申请。问:被保险人在诉讼中申请先予执行应当符合哪些条件？

专家解析：

所谓先予执行是指人民法院在审理民事案件的过程中，因当事人一方生产或生活上的迫切需要，在作出判决前，裁定一方当事人给付另一方当事人一定的财务，或者立即实施或停止某种行为，并立即执行的措施。裁定先予执行，实际上是在判决确定前，实现未来判决确定的部分实体权利。根据《民事诉讼法》第 106 条的规定，追索恢复生产、经营急需的保险理赔费等保险纠纷案件中，人民法院根据当事人申请，可以裁定先予执行。

保险纠纷诉讼当事人申请先予执行应当符合以下条件：（1）提起诉讼必须具有给付内容，属于给付之诉；（2）双方当事人之间的权利义务关系明确，一方当事人不及时履行义务，另一方当事人的权利就无法保障；（3）一方当事人确实属于解决生活、生产的急需，待作出判决、裁定、调解书后，就无法解决实际问题；（4）有先予执行的可能，即履行义务的一方当事人有支付能力，如果目前不能履行义务，就不能裁定先予执行；（5）先予执行申请必须在人民法院作出判决、裁定、调解以前提出。

专家支招：

是否先予执行，由人民法院作出裁定。需要当事人必须提出书面申请，即提交先予执行申请书。先予执行申请书应写明以下内容：（1）首部。写明标题"先予执行申请书"。然后写明当事人的基本情况。（2）正文。包括申请事项和申请理由。先将需要申请先予执行的事项一一列出，要求具体明确。如本案可以"请求人民法院责令经营者先予支付保险费用 100 万元"，然后陈述事件发生的经过以及要求先予执行的理由。（3）尾部。写明致送的人民法院名称，申请人签名或盖章，申请提出的日期。给付一方如果没有先予执行的能力，或先予执行后就无法维持生活或生产经营的，法院不能裁定先予执行。

87.投保人、被保险人可以委托哪些人代理进行保险纠纷诉讼?

案例:

(同86)。问:该工厂如果需要委托他人代为进行诉讼,可以委托哪些人?

专家解析:

保险纠纷诉讼的双方当事人都可以委托代理人代为进行诉讼。《民事诉讼法》第58条规定:"当事人、法定代理人可以委托一至二人作为诉讼代理人。下列人员可以被委托为诉讼代理人:(一)律师、基层法律服务工作者;(二)当事人的近亲属或者工作人员;(三)当事人所在社区、单位以及有关社会团体推荐的公民。"另外,根据最高人民法院的有关司法解释规定,除律师等上述人员之外,当事人还可以委托其他公民为诉讼代理人,但无民事行为能力、限制民事行为能力人或者可能损害被代理人利益的人以及人民法院认为不宜作诉讼代理人的人,不能作为诉讼代理人。

专家支招:

投保人、被保险人等委托他人代理诉讼的,如果可能的话首先应当委托律师为诉讼代理人,因为律师作为诉讼代理人相对于其他代理人有较大的优越性。委托诉讼代理人的,双方应当签订委托代理合同,必须向人民法院提交由委托人签名或者盖章的授权委托书。授权委托书必须记明委托事项和权限。诉讼代理人代为承认、放弃、变更诉讼请求,进行和解,提起反诉或者上诉,必须有委托人的特别授权。侨居在国外的中华人民共和国公民从国外寄交或者托交的授权委托书,必须经中华人民共和国驻该国的使领馆证明;没有使领馆的,由与中华人民共和国有外交关系的第三国驻该国的使领馆证明,再转由中华人民共和国驻该第三国使领馆证明,或者由当地的爱国华侨团体证明。诉讼代理人的权限如果变更或者解除,当事人应当书面告知人民法院,并由人民法院通知对方当事人。代理诉讼的律师和其他诉讼代理人有权调查收集证据,可以查阅本案有关材料。查阅本案有关材料的范围和办法由最高人民法院规定。

88.投保人起诉后是否可以撤诉?

案例:

张某因与某保险公司发生纠纷,向人民法院提起诉讼,请求法院判令保险公司支付保险费。法院受理案件后,张某又改变了主意,希望与保险公司协商解决问题,于是想撤回提起的诉讼。问:投保人起诉后是否可以撤回告诉?

专家解析:

保险纠纷诉讼原告提起诉讼后,在人民法院受理案件后直至宣告判决前,可以撤回起诉,是否准许,由人民法院裁定。诉讼一经撤回,人民法院便不能继续行使审判权,诉讼即告终结。这里的撤诉应当包括撤回起诉和撤回上诉。

专家支招:

张某申请撤诉,只有符合法律规定的条件,人民法院才能裁定准许。符合以下条件的撤诉申请,人民法院裁定准许:(1)申请撤诉的人必须是提起诉讼当事人本人或者其法定代理人或者经过特别授权的委托代理人。(2)申请撤诉必须自愿,强迫当事人撤诉,是法律不允许的。(3)申请撤诉必须符合法律规定,即撤诉不得侵犯国家、集体或者他人的合法权益,不得规避法律。(4)申请撤诉必须在人民法院受理当事人所提起的诉讼以后,宣判以前提出。此外,根据《民事诉讼法》第145条和有关司法解释的规定,以下情况人民法院可按撤诉处理,其法律后果与当事人申请撤诉相同:原告经传票传唤,无正当理由拒不到庭的,或者未经法庭许可中途退庭的,可以按撤诉处理;被告经传票传唤,无正当理由拒不到庭的,或者未经法庭许可中途退庭的;原告申请撤诉而人民法院裁定不准许撤诉的案件,原告经传票传唤,无正当理由拒不到庭的;无民事行为能力的被告的法定代理人,经传票传唤,无正当理由拒不到庭的。应当注意的是,张某撤诉后或者人民法院按撤诉处理后,如果以同一诉讼请求再次起诉的,人民法院应予受理。

附录:

中华人民共和国保险法

(1995年6月30日第八届全国人民代表大会常务委员会第十四次会议通过 根据2002年10月28日第九届全国人民代表大会常务委员会第三十次会议《关于修改〈中华人民共和国保险法〉的决定》修正 2009年2月28日第十一届全国人民代表大会常务委员会第七次会议修订)

第一章 总 则

第一条 为了规范保险活动,保护保险活动当事人的合法权益,加强对保险业的监督管理,维护社会经济秩序和社会公共利益,促进保险事业的健康发展,制定本法。

第二条 本法所称保险,是指投保人根据合同约定,向保险人支付保险费，保险人对于合同约定的可能发生的事故因其发生所造成的财产损失承担赔偿保险金责任，或者当被保险人死亡、伤残、疾病或者达到合同约定的年龄、期限等条件时承担给付保险金责任的商业保险行为。

第三条 在中华人民共和国境内从事保险活动，适用本法。

第四条 从事保险活动必须遵守法律、行政法规，尊重社会公德，不得损害社会公共利益。

第五条 保险活动当事人行使权利、履行义务应当遵循诚实信用原则。

第六条 保险业务由依照本法设立的保险公司以及法律、行政法规规定的其他保险组织经营，其他单位和个人不得经营保险业务。

第七条 在中华人民共和国境内的法人和其他组织需要办理境内保险的，应当向中华人民共和国境内的保险公司投保。

第八条 保险业和银行业、证券业、信托业实行分业经营、分业管理，保险公司与银行、证券、信托业务机构分别设立。国家另有规定的除外。

第九条 国务院保险监督管理机构依法对保险业实施监督管理。

国务院保险监督管理机构根据履行职责的需要设立派出机构。派出机构按照国务院保险监督管理机构的授权履行监督管理职责。

第二章 保险合同

第一节 一般规定

第十条 保险合同是投保人与保险人约定保险权利义务关系的协议。

投保人是指与保险人订立保险合同，并按照合同约定负有支付保险费义务的人。

保险人是指与投保人订立保险合同，并按照合同约定承担赔偿或者给付保险金责任的保险公司。

第十一条 订立保险合同，应当协商一致，遵循公平原则确定各方的权利和义务。

除法律、行政法规规定必须保险的外，保险合同自愿订立。

第十二条　人身保险的投保人在保险合同订立时,对被保险人应当具有保险利益。

财产保险的被保险人在保险事故发生时，对保险标的应当具有保险利益。

人身保险是以人的寿命和身体为保险标的的保险。

财产保险是以财产及其有关利益为保险标的的保险。

被保险人是指其财产或者人身受保险合同保障，享有保险金请求权的人。投保人可以为被保险人。

保险利益是指投保人或者被保险人对保险标的具有的法律上承认的利益。

第十三条　投保人提出保险要求,经保险人同意承保,保险合同成立。保险人应当及时向投保人签发保险单或者其他保险凭证。

保险单或者其他保险凭证应当载明当事人双方约定的合同内容。当事人也可以约定采用其他书面形式载明合同内容。

依法成立的保险合同,自成立时生效。投保人和保险人可以对合同的效力约定附条件或者附期限。

第十四条　保险合同成立后,投保人按照约定交付保险费,保险人按照约定的时间开始承担保险责任。

第十五条　除本法另有规定或者保险合同另有约定外,保险合同成立后,投保人可以解除合同,保险人不得解除合同。

第十六条　订立保险合同,保险人就保险标的或者被保险人的有关情况提出询问的,投保人应当如实告知。

投保人故意或者因重大过失未履行前款规定的如实告知义务,足以影响保险人决定是否同意承保或者提高保险费率的,保险人有权解除合同。

前款规定的合同解除权,自保险人知道有解除事由之日起,超过三十日不行使而消灭。自合同成立之日起超过二年的,保险人不得解除合同;发生保险事故的,保险人应当承担赔偿或者给付保险金的责任。

投保人故意不履行如实告知义务的,保险人对于合同解除前发生的保险事故,不承担赔偿或者给付保险金的责任,并不退还保险费。

投保人因重大过失未履行如实告知义务，对保险事故的发生有严重影响的,保险人对于合同解除前发生的保险事故,不承担赔偿或者给付保险金的责任,但应当退还保险费。

保险人在合同订立时已经知道投保人未如实告知的情况的,保险人不得解除合同;发生保险事故的,保险人应当承担赔偿或者给付保险金的责任。

保险事故是指保险合同约定的保险责任范围内的事故。

第十七条 订立保险合同,采用保险人提供的格式条款的,保险人向投保人提供的投保单应当附格式条款,保险人应当向投保人说明合同的内容。

对保险合同中免除保险人责任的条款,保险人在订立合同时应当在投保单、保险单或者其他保险凭证上作出足以引起投保人注意的提示,并对该条款的内容以书面或者口头形式向投保人作出明确说明;未作提示或者明确说明的,该条款不产生效力。

第十八条 保险合同应当包括下列事项:

(一)保险人的名称和住所;

(二)投保人、被保险人的姓名或者名称、住所,以及人身保险的受益人的姓名或者名称、住所;

(三)保险标的;

(四)保险责任和责任免除;

(五)保险期间和保险责任开始时间;

(六)保险金额;

(七)保险费以及支付办法;

(八)保险金赔偿或者给付办法;

(九)违约责任和争议处理;

(十)订立合同的年、月、日。

投保人和保险人可以约定与保险有关的其他事项。

受益人是指人身保险合同中由被保险人或者投保人指定的享有保险金请求权的人。投保人、被保险人可以为受益人。

保险金额是指保险人承担赔偿或者给付保险金责任的最高限额。

第十九条 采用保险人提供的格式条款订立的保险合同中的下列条款无效：

（一）免除保险人依法应承担的义务或者加重投保人、被保险人责任的；

（二）排除投保人、被保险人或者受益人依法享有的权利的。

第二十条 投保人和保险人可以协商变更合同内容。

变更保险合同的，应当由保险人在保险单或者其他保险凭证上批注或者附贴批单，或者由投保人和保险人订立变更的书面协议。

第二十一条 投保人、被保险人或者受益人知道保险事故发生后，应当及时通知保险人。故意或者因重大过失未及时通知，致使保险事故的性质、原因、损失程度等难以确定的，保险人对无法确定的部分，不承担赔偿或者给付保险金的责任，但保险人通过其他途径已经及时知道或者应当及时知道保险事故发生的除外。

第二十二条 保险事故发生后，按照保险合同请求保险人赔偿或者给付保险金时，投保人、被保险人或者受益人应当向保险人提供其所能提供的与确认保险事故的性质、原因、损失程度等有关的证明和资料。

保险人按照合同的约定，认为有关的证明和资料不完整的，应当及时一次性通知投保人、被保险人或者受益人补充提供。

第二十三条 保险人收到被保险人或者受益人的赔偿或者给付保险金的请求后，应当及时作出核定；情形复杂的，应当在三十日内作出核定，但合同另有约定的除外。保险人应当将核定结果通知被保险人或者受益人；对属于保险责任的，在与被保险人或者受益人达成赔偿或者给付保险金的协议后十日内，履行赔偿或者给付保险金义务。保险合同对赔偿或者给付保险金的期限有约定的，保险人应当按照约定履行赔偿或者给付保险金义务。

保险人未及时履行前款规定义务的，除支付保险金外，应当赔偿被保险人或者受益人因此受到的损失。

任何单位和个人不得非法干预保险人履行赔偿或者给付保险金的义务，也不得限制被保险人或者受益人取得保险金的权利。

第二十四条 保险人依照本法第二十三条的规定作出核定后，对不属于保险责任的，应当自作出核定之日起三日内向被保险人或者受益人发出拒绝赔偿或者拒绝给付保险金通知书，并说明理由。

第二十五条 保险人自收到赔偿或者给付保险金的请求和有关证明、资料之日起六十日内，对其赔偿或者给付保险金的数额不能确定的，应当根据已有证明和资料可以确定的数额先予支付；保险人最终确定赔偿或者给付保险金的数额后，应当支付相应的差额。

第二十六条 人寿保险以外的其他保险的被保险人或者受益人，向保险人请求赔偿或者给付保险金的诉讼时效期间为二年，自其知道或者应当知道保险事故发生之日起计算。

人寿保险的被保险人或者受益人向保险人请求给付保险金的诉讼时效期间为五年，自其知道或者应当知道保险事故发生之日起计算。

第二十七条 未发生保险事故，被保险人或者受益人谎称发生了保险事故，向保险人提出赔偿或者给付保险金请求的，保险人有权解除合同，并不退还保险费。

投保人、被保险人故意制造保险事故的，保险人有权解除合同，不承担赔偿或者给付保险金的责任；除本法第四十三条规定外，不退还保险费。

保险事故发生后，投保人、被保险人或者受益人以伪造、变造的有关证明、资料或者其他证据，编造虚假的事故原因或者夸大损失程度的，保险人对其虚报的部分不承担赔偿或者给付保险金的责任。

投保人、被保险人或者受益人有前三款规定行为之一，致使保险人支付保险金或者支出费用的，应当退回或者赔偿。

第二十八条 保险人将其承担的保险业务，以分保形式部分转移给其他保险人的，为再保险。

应再保险接受人的要求，再保险分出人应当将其自负责任及原保险的有关情况书面告知再保险接受人。

第二十九条 再保险接受人不得向原保险的投保人要求支付保险费。

原保险的被保险人或者受益人不得向再保险接受人提出赔偿或者给付保险金的请求。

再保险分出人不得以再保险接受人未履行再保险责任为由，拒绝履行或者迟延履行其原保险责任。

第三十条 采用保险人提供的格式条款订立的保险合同,保险人与投保人、被保险人或者受益人对合同条款有争议的,应当按照通常理解予以解释。对合同条款有两种以上解释的,人民法院或者仲裁机构应当作出有利于被保险人和受益人的解释。

第二节 人身保险合同

第三十一条 投保人对下列人员具有保险利益:

(一)本人;

(二)配偶、子女、父母;

(三)前项以外与投保人有抚养、赡养或者扶养关系的家庭其他成员、近亲属;

(四)与投保人有劳动关系的劳动者。

除前款规定外,被保险人同意投保人为其订立合同的,视为投保人对被保险人具有保险利益。

订立合同时,投保人对被保险人不具有保险利益的,合同无效。

第三十二条 投保人申报的被保险人年龄不真实,并且其真实年龄不符合合同约定的年龄限制的,保险人可以解除合同,并按照合同约定退还保险单的现金价值。保险人行使合同解除权,适用本法第十六条第三款、第六款的规定。

投保人申报的被保险人年龄不真实,致使投保人支付的保险费少于应付保险费的,保险人有权更正并要求投保人补交保险费,或者在给付保险金时按照实付保险费与应付保险费的比例支付。

投保人申报的被保险人年龄不真实,致使投保人支付的保险费多于应付保险费的,保险人应当将多收的保险费退还投保人。

第三十三条 投保人不得为无民事行为能力人投保以死亡为给付保险金条件的人身保险,保险人也不得承保。

父母为其未成年子女投保的人身保险,不受前款规定限制。但是,因被保险人死亡给付的保险金总和不得超过国务院保险监督管理机构规定的限额。

第三十四条 以死亡为给付保险金条件的合同,未经被保险人同意并认可保险金额的,合同无效。

按照以死亡为给付保险金条件的合同所签发的保险单,未经被保险人书面同意,不得转让或者质押。

父母为其未成年子女投保的人身保险,不受本条第一款规定限制。

第三十五条 投保人可以按照合同约定向保险人一次支付全部保险费或者分期支付保险费。

第三十六条 合同约定分期支付保险费,投保人支付首期保险费后,除合同另有约定外,投保人自保险人催告之日起超过三十日未支付当期保险费,或者超过约定的期限六十日未支付当期保险费的,合同效力中止,或者由保险人按照合同约定的条件减少保险金额。

被保险人在前款规定期限内发生保险事故的,保险人应当按照合同约定给付保险金,但可以扣减欠交的保险费。

第三十七条 合同效力依照本法第三十六条规定中止的,经保险人与投保人协商并达成协议,在投保人补交保险费后,合同效力恢复。但是,自合同效力中止之日起满二年双方未达成协议的,保险人有权解除合同。

保险人依照前款规定解除合同的,应当按照合同约定退还保险单的现金价值。

第三十八条 保险人对人寿保险的保险费,不得用诉讼方式要求投保人支付。

第三十九条 人身保险的受益人由被保险人或者投保人指定。

投保人指定受益人时须经被保险人同意。投保人为与其有劳动关系的劳动者投保人身保险,不得指定被保险人及其近亲属以外的人为受益人。

被保险人为无民事行为能力人或者限制民事行为能力人的,可以由其监护人指定受益人。

第四十条 被保险人或者投保人可以指定一人或者数人为受益人。

受益人为数人的,被保险人或者投保人可以确定受益顺序和受益份额;未确定受益份额的,受益人按照相等份额享有受益权。

第四十一条 被保险人或者投保人可以变更受益人并书面通知保险人。保险人收到变更受益人的书面通知后,应当在保险单或者其他保险凭证上批注或者附贴批单。

投保人变更受益人时须经被保险人同意。

第四十二条 被保险人死亡后,有下列情形之一的,保险金作为被保险人的遗产,由保险人依照《中华人民共和国继承法》的规定履行给付保险金的义务:

(一)没有指定受益人,或者受益人指定不明无法确定的;

(二)受益人先于被保险人死亡,没有其他受益人的;

(三)受益人依法丧失受益权或者放弃受益权,没有其他受益人的。

受益人与被保险人在同一事件中死亡,且不能确定死亡先后顺序的,推定受益人死亡在先。

第四十三条 投保人故意造成被保险人死亡、伤残或者疾病的,保险人不承担给付保险金的责任。投保人已交足二年以上保险费的,保险人应当按照合同约定向其他权利人退还保险单的现金价值。

受益人故意造成被保险人死亡、伤残、疾病的,或者故意杀害被保险人未遂的,该受益人丧失受益权。

第四十四条 以被保险人死亡为给付保险金条件的合同,自合同成立或者合同效力恢复之日起二年内,被保险人自杀的,保险人不承担给付保险金的责任,但被保险人自杀时为无民事行为能力人的除外。

保险人依照前款规定不承担给付保险金责任的,应当按照合同约定退还保险单的现金价值。

第四十五条 因被保险人故意犯罪或者抗拒依法采取的刑事强制措施导致其伤残或者死亡的,保险人不承担给付保险金的责任。投保人已交足二年以上保险费的,保险人应当按照合同约定退还保险单的现金价值。

第四十六条 被保险人因第三者的行为而发生死亡、伤残或者疾病等保险事故的,保险人向被保险人或者受益人给付保险金后,不享有向第三者追偿的权利,但被保险人或者受益人仍有权向第三者请求赔偿。

第四十七条 投保人解除合同的,保险人应当自收到解除合同通知之日起三十日内,按照合同约定退还保险单的现金价值。

第三节 财产保险合同

第四十八条 保险事故发生时,被保险人对保险标的不具有保险利益的,不得向保险人请求赔偿保险金。

第四十九条 保险标的转让的,保险标的的受让人承继被保险人的权利和义务。

保险标的转让的,被保险人或者受让人应当及时通知保险人,但货物运输保险合同和另有约定的合同除外。

因保险标的转让导致危险程度显著增加的,保险人自收到前款规定的通知之日起三十日内,可以按照合同约定增加保险费或者解除合同。保险人解除合同的,应当将已收取的保险费,按照合同约定扣除自保险责任开始之日起至合同解除之日止应收的部分后,退还投保人。

被保险人、受让人未履行本条第二款规定的通知义务的,因转让导致保险标的危险程度显著增加而发生的保险事故,保险人不承担赔偿保险金的责任。

第五十条 货物运输保险合同和运输工具航程保险合同,保险责任开始后,合同当事人不得解除合同。

第五十一条 被保险人应当遵守国家有关消防、安全、生产操作、劳动保护等方面的规定,维护保险标的的安全。

保险人可以按照合同约定对保险标的的安全状况进行检查,及时向投保人、被保险人提出消除不安全因素和隐患的书面建议。

投保人、被保险人未按照约定履行其对保险标的的安全应尽责任的,保险人有权要求增加保险费或者解除合同。

保险人为维护保险标的的安全,经被保险人同意,可以采取安全预防措施。

第五十二条 在合同有效期内,保险标的的危险程度显著增加的,被保险人应当按照合同约定及时通知保险人,保险人可以按照合同约定增加保险费或者解除合同。保险人解除合同的,应当将已收取的保险费，按照合同约定扣除自保险责任开始之日起至合同解除之日止应收的部分后，退还投保人。

被保险人未履行前款规定的通知义务的，因保险标的的危险程度显著增加而发生的保险事故，保险人不承担赔偿保险金的责任。

第五十三条 有下列情形之一的，除合同另有约定外，保险人应当降低保险费，并按日计算退还相应的保险费：

（一）据以确定保险费率的有关情况发生变化，保险标的的危险程度明显减少的；

（二）保险标的的保险价值明显减少的。

第五十四条 保险责任开始前，投保人要求解除合同的，应当按照合同约定向保险人支付手续费，保险人应当退还保险费。保险责任开始后，投保人要求解除合同的，保险人应当将已收取的保险费，按照合同约定扣除自保险责任开始之日起至合同解除之日止应收的部分后，退还投保人。

第五十五条 投保人和保险人约定保险标的的保险价值并在合同中载明的，保险标的发生损失时，以约定的保险价值为赔偿计算标准。

投保人和保险人未约定保险标的的保险价值的，保险标的发生损失时，以保险事故发生时保险标的的实际价值为赔偿计算标准。

保险金额不得超过保险价值。超过保险价值的，超过部分无效，保险人应当退还相应的保险费。

保险金额低于保险价值的，除合同另有约定外，保险人按照保险金额与保险价值的比例承担赔偿保险金的责任。

第五十六条 重复保险的投保人应当将重复保险的有关情况通知各保险人。

重复保险的各保险人赔偿保险金的总和不得超过保险价值。除合同另有约定外，各保险人按照其保险金额与保险金额总和的比例承担赔偿保险金的责任。

重复保险的投保人可以就保险金额总和超过保险价值的部分，请求各保险人按比例返还保险费。

重复保险是指投保人对同一保险标的、同一保险利益、同一保险事故分别与两个以上保险人订立保险合同，且保险金额总和超过保险价值的保险。

第五十七条 保险事故发生时，被保险人应当尽力采取必要的措施,防止或者减少损失。

保险事故发生后，被保险人为防止或者减少保险标的的损失所支付的必要的、合理的费用,由保险人承担;保险人所承担的费用数额在保险标的损失赔偿金额以外另行计算,最高不超过保险金额的数额。

第五十八条 保险标的发生部分损失的,自保险人赔偿之日起三十日内,投保人可以解除合同;除合同另有约定外,保险人也可以解除合同,但应当提前十五日通知投保人。

合同解除的,保险人应当将保险标的未受损失部分的保险费,按照合同约定扣除自保险责任开始之日起至合同解除之日止应收的部分后,退还投保人。

第五十九条 保险事故发生后,保险人已支付了全部保险金额,并且保险金额等于保险价值的,受损保险标的的全部权利归于保险人;保险金额低于保险价值的, 保险人按照保险金额与保险价值的比例取得受损保险标的的部分权利。

第六十条 因第三者对保险标的的损害而造成保险事故的,保险人自向被保险人赔偿保险金之日起, 在赔偿金额范围内代位行使被保险人对第三者请求赔偿的权利。

前款规定的保险事故发生后, 被保险人已经从第三者取得损害赔偿的,保险人赔偿保险金时,可以相应扣减被保险人从第三者已取得的赔偿金额。

保险人依照本条第一款规定行使代位请求赔偿的权利, 不影响被保险人就未取得赔偿的部分向第三者请求赔偿的权利。

第六十一条 保险事故发生后,保险人未赔偿保险金之前,被保险人放弃对第三者请求赔偿的权利的,保险人不承担赔偿保险金的责任。

保险人向被保险人赔偿保险金后, 被保险人未经保险人同意放弃对第三者请求赔偿的权利的,该行为无效。

被保险人故意或者因重大过失致使保险人不能行使代位请求赔偿

的权利的,保险人可以扣减或者要求返还相应的保险金。

第六十二条 除被保险人的家庭成员或者其组成人员故意造成本法第六十条第一款规定的保险事故外,保险人不得对被保险人的家庭成员或者其组成人员行使代位请求赔偿的权利。

第六十三条 保险人向第三者行使代位请求赔偿的权利时,被保险人应当向保险人提供必要的文件和所知道的有关情况。

第六十四条 保险人、被保险人为查明和确定保险事故的性质、原因和保险标的的损失程度所支付的必要的、合理的费用,由保险人承担。

第六十五条 保险人对责任保险的被保险人给第三者造成的损害,可以依照法律的规定或者合同的约定,直接向该第三者赔偿保险金。

责任保险的被保险人给第三者造成损害,被保险人对第三者应负的赔偿责任确定的,根据被保险人的请求,保险人应当直接向该第三者赔偿保险金。被保险人怠于请求的,第三者有权就其应获赔偿部分直接向保险人请求赔偿保险金。

责任保险的被保险人给第三者造成损害,被保险人未向该第三者赔偿的,保险人不得向被保险人赔偿保险金。

责任保险是指以被保险人对第三者依法应负的赔偿责任为保险标的的保险。

第六十六条 责任保险的被保险人因给第三者造成损害的保险事故而被提起仲裁或者诉讼的,被保险人支付的仲裁或者诉讼费用以及其他必要的、合理的费用,除合同另有约定外,由保险人承担。

第三章 保险公司

第六十七条 设立保险公司应当经国务院保险监督管理机构批准。

国务院保险监督管理机构审查保险公司的设立申请时,应当考虑保险业的发展和公平竞争的需要。

第六十八条 设立保险公司应当具备下列条件:

(一)主要股东具有持续盈利能力,信誉良好,最近三年内无重大违

法违规记录,净资产不低于人民币二亿元;

(二)有符合本法和《中华人民共和国公司法》规定的章程;

(三)有符合本法规定的注册资本;

(四)有具备任职专业知识和业务工作经验的董事、监事和高级管理人员;

(五)有健全的组织机构和管理制度;

(六)有符合要求的营业场所和与经营业务有关的其他设施;

(七)法律、行政法规和国务院保险监督管理机构规定的其他条件。

第六十九条 设立保险公司,其注册资本的最低限额为人民币二亿元。

国务院保险监督管理机构根据保险公司的业务范围、经营规模,可以调整其注册资本的最低限额,但不得低于本条第一款规定的限额。

保险公司的注册资本必须为实缴货币资本。

第七十条 申请设立保险公司,应当向国务院保险监督管理机构提出书面申请,并提交下列材料:

(一)设立申请书,申请书应当载明拟设立的保险公司的名称、注册资本、业务范围等;

(二)可行性研究报告;

(三)筹建方案;

(四)投资人的营业执照或者其他背景资料,经会计师事务所审计的上一年度财务会计报告;

(五)投资人认可的筹备组负责人和拟任董事长、经理名单及本人认可证明;

(六)国务院保险监督管理机构规定的其他材料。

第七十一条 国务院保险监督管理机构应当对设立保险公司的申请进行审查,自受理之日起六个月内作出批准或者不批准筹建的决定,并书面通知申请人。决定不批准的,应当书面说明理由。

第七十二条 申请人应当自收到批准筹建通知之日起一年内完成筹建工作;筹建期间不得从事保险经营活动。

第七十三条 筹建工作完成后,申请人具备本法第六十八条规定的设立条件的,可以向国务院保险监督管理机构提出开业申请。

国务院保险监督管理机构应当自受理开业申请之日起六十日内,作出批准或者不批准开业的决定。决定批准的,颁发经营保险业务许可证;决定不批准的,应当书面通知申请人并说明理由。

第七十四条 保险公司在中华人民共和国境内设立分支机构,应当经保险监督管理机构批准。

保险公司分支机构不具有法人资格,其民事责任由保险公司承担。

第七十五条 保险公司申请设立分支机构,应当向保险监督管理机构提出书面申请,并提交下列材料:

(一)设立申请书;

(二)拟设机构三年业务发展规划和市场分析材料;

(三)拟任高级管理人员的简历及相关证明材料;

(四)国务院保险监督管理机构规定的其他材料。

第七十六条 保险监督管理机构应当对保险公司设立分支机构的申请进行审查,自受理之日起六十日内作出批准或者不批准的决定。决定批准的,颁发分支机构经营保险业务许可证;决定不批准的,应当书面通知申请人并说明理由。

第七十七条 经批准设立的保险公司及其分支机构,凭经营保险业务许可证向工商行政管理机关办理登记,领取营业执照。

第七十八条 保险公司及其分支机构自取得经营保险业务许可证之日起六个月内,无正当理由未向工商行政管理机关办理登记的,其经营保险业务许可证失效。

第七十九条 保险公司在中华人民共和国境外设立子公司、分支机构、代表机构,应当经国务院保险监督管理机构批准。

第八十条 外国保险机构在中华人民共和国境内设立代表机构,应当经国务院保险监督管理机构批准。代表机构不得从事保险经营活动。

第八十一条 保险公司的董事、监事和高级管理人员,应当品行良好,熟悉与保险相关的法律、行政法规,具有履行职责所需的经营管理能力,并在任职前取得保险监督管理机构核准的任职资格。

保险公司高级管理人员的范围由国务院保险监督管理机构规定。

第八十二条 有《中华人民共和国公司法》第一百四十七条规定的情形或者下列情形之一的,不得担任保险公司的董事、监事、高级管理人员:

(一)因违法行为或者违纪行为被金融监督管理机构取消任职资格的金融机构的董事、监事、高级管理人员,自被取消任职资格之日起未逾五年的;

(二)因违法行为或者违纪行为被吊销执业资格的律师、注册会计师或者资产评估机构、验证机构等机构的专业人员,自被吊销执业资格之日起未逾五年的。

第八十三条 保险公司的董事、监事、高级管理人员执行公司职务时违反法律、行政法规或者公司章程的规定,给公司造成损失的,应当承担赔偿责任。

第八十四条 保险公司有下列情形之一的,应当经保险监督管理机构批准:

(一)变更名称;

(二)变更注册资本;

(三)变更公司或者分支机构的营业场所;

(四)撤销分支机构;

(五)公司分立或者合并;

(六)修改公司章程;

(七)变更出资额占有限责任公司资本总额百分之五以上的股东,或者变更持有股份有限公司股份百分之五以上的股东;

(八)国务院保险监督管理机构规定的其他情形。

第八十五条 保险公司应当聘用经国务院保险监督管理机构认可的精算专业人员,建立精算报告制度。

保险公司应当聘用专业人员,建立合规报告制度。

第八十六条 保险公司应当按照保险监督管理机构的规定,报送有关报告、报表、文件和资料。

保险公司的偿付能力报告、财务会计报告、精算报告、合规报告及其他有关报告、报表、文件和资料必须如实记录保险业务事项,不得有虚假记载、误导性陈述和重大遗漏。

第八十七条 保险公司应当按照国务院保险监督管理机构的规定妥善保管业务经营活动的完整账簿、原始凭证和有关资料。

前款规定的账簿、原始凭证和有关资料的保管期限，自保险合同终止之日起计算，保险期间在一年以下的不得少于五年，保险期间超过一年的不得少于十年。

第八十八条 保险公司聘请或者解聘会计师事务所、资产评估机构、资信评级机构等中介服务机构，应当向保险监督管理机构报告；解聘会计师事务所、资产评估机构、资信评级机构等中介服务机构，应当说明理由。

第八十九条 保险公司因分立、合并需要解散，或者股东会、股东大会决议解散，或者公司章程规定的解散事由出现，经国务院保险监督管理机构批准后解散。

经营有人寿保险业务的保险公司，除因分立、合并或者被依法撤销外，不得解散。

保险公司解散，应当依法成立清算组进行清算。

第九十条 保险公司有《中华人民共和国企业破产法》第二条规定情形的，经国务院保险监督管理机构同意，保险公司或者其债权人可以依法向人民法院申请重整、和解或者破产清算；国务院保险监督管理机构也可以依法向人民法院申请对该保险公司进行重整或者破产清算。

第九十一条 破产财产在优先清偿破产费用和共益债务后，按照下列顺序清偿：

（一）所欠职工工资和医疗、伤残补助、抚恤费用，所欠应当划入职工个人账户的基本养老保险、基本医疗保险费用，以及法律、行政法规规定应当支付给职工的补偿金；

（二）赔偿或者给付保险金；

（三）保险公司欠缴的除第（一）项规定以外的社会保险费用和所欠税款；

（四）普通破产债权。

破产财产不足以清偿同一顺序的清偿要求的，按照比例分配。

破产保险公司的董事、监事和高级管理人员的工资,按照该公司职工的平均工资计算。

第九十二条 经营有人寿保险业务的保险公司被依法撤销或者被依法宣告破产的,其持有的人寿保险合同及责任准备金,必须转让给其他经营有人寿保险业务的保险公司;不能同其他保险公司达成转让协议的,由国务院保险监督管理机构指定经营有人寿保险业务的保险公司接受转让。

转让或者由国务院保险监督管理机构指定接受转让前款规定的人寿保险合同及责任准备金的,应当维护被保险人、受益人的合法权益。

第九十三条 保险公司依法终止其业务活动,应当注销其经营保险业务许可证。

第九十四条 保险公司,除本法另有规定外,适用《中华人民共和国公司法》的规定。

第四章 保险经营规则

第九十五条 保险公司的业务范围:

(一)人身保险业务,包括人寿保险、健康保险、意外伤害保险等保险业务;

(二)财产保险业务,包括财产损失保险、责任保险、信用保险、保证保险等保险业务;

(三)国务院保险监督管理机构批准的与保险有关的其他业务。

保险人不得兼营人身保险业务和财产保险业务。但是,经营财产保险业务的保险公司经国务院保险监督管理机构批准,可以经营短期健康保险业务和意外伤害保险业务。

保险公司应当在国务院保险监督管理机构依法批准的业务范围内从事保险经营活动。

第九十六条 经国务院保险监督管理机构批准,保险公司可以经营本法第九十五条规定的保险业务的下列再保险业务:

(一)分出保险;

(二)分入保险。

第九十七条 保险公司应当按照其注册资本总额的百分之二十提取保证金,存入国务院保险监督管理机构指定的银行,除公司清算时用于清偿债务外,不得动用。

第九十八条 保险公司应当根据保障被保险人利益、保证偿付能力的原则,提取各项责任准备金。

保险公司提取和结转责任准备金的具体办法,由国务院保险监督管理机构制定。

第九十九条 保险公司应当依法提取公积金。

第一百条 保险公司应当缴纳保险保障基金。

保险保障基金应当集中管理,并在下列情形下统筹使用:

(一)在保险公司被撤销或者被宣告破产时,向投保人、被保险人或者受益人提供救济;

(二)在保险公司被撤销或者被宣告破产时,向依法接受其人寿保险合同的保险公司提供救济;

(三)国务院规定的其他情形。

保险保障基金筹集、管理和使用的具体办法,由国务院制定。

第一百零一条 保险公司应当具有与其业务规模和风险程度相适应的最低偿付能力。保险公司的认可资产减去认可负债的差额不得低于国务院保险监督管理机构规定的数额;低于规定数额的,应当按照国务院保险监督管理机构的要求采取相应措施达到规定的数额。

第一百零二条 经营财产保险业务的保险公司当年自留保险费,不得超过其实有资本金加公积金总和的四倍。

第一百零三条 保险公司对每一危险单位,即对一次保险事故可能造成的最大损失范围所承担的责任,不得超过其实有资本金加公积金总和的百分之十;超过的部分应当办理再保险。

保险公司对危险单位的划分应当符合国务院保险监督管理机构的规定。

第一百零四条 保险公司对危险单位的划分方法和巨灾风险安排方案,应当报国务院保险监督管理机构备案。

第一百零五条 保险公司应当按照国务院保险监督管理机构的规定办理再保险,并审慎选择再保险接受人。

第一百零六条 保险公司的资金运用必须稳健,遵循安全性原则。

保险公司的资金运用限于下列形式:

(一)银行存款;

(二)买卖债券、股票、证券投资基金份额等有价证券;

(三)投资不动产;

(四)国务院规定的其他资金运用形式。

保险公司资金运用的具体管理办法,由国务院保险监督管理机构依照前两款的规定制定。

第一百零七条 经国务院保险监督管理机构会同国务院证券监督管理机构批准,保险公司可以设立保险资产管理公司。

保险资产管理公司从事证券投资活动,应当遵守《中华人民共和国证券法》等法律、行政法规的规定。

保险资产管理公司的管理办法,由国务院保险监督管理机构会同国务院有关部门制定。

第一百零八条 保险公司应当按照国务院保险监督管理机构的规定,建立对关联交易的管理和信息披露制度。

第一百零九条 保险公司的控股股东、实际控制人、董事、监事、高级管理人员不得利用关联交易损害公司的利益。

第一百一十条 保险公司应当按照国务院保险监督管理机构的规定,真实、准确、完整地披露财务会计报告、风险管理状况、保险产品经营情况等重大事项。

第一百一十一条 保险公司从事保险销售的人员应当符合国务院保险监督管理机构规定的资格条件,取得保险监督管理机构颁发的资格证书。

前款规定的保险销售人员的范围和管理办法,由国务院保险监督管理机构规定。

第一百一十二条 保险公司应当建立保险代理人登记管理制度,加强对保险代理人的培训和管理,不得唆使、诱导保险代理人进行违背诚信义务的活动。

第一百一十三条 保险公司及其分支机构应当依法使用经营保险业务许可证,不得转让、出租、出借经营保险业务许可证。

第一百一十四条 保险公司应当按照国务院保险监督管理机构的规定,公平、合理拟订保险条款和保险费率,不得损害投保人、被保险人和受益人的合法权益。

保险公司应当按照合同约定和本法规定,及时履行赔偿或者给付保险金义务。

第一百一十五条 保险公司开展业务,应当遵循公平竞争的原则,不得从事不正当竞争。

第一百一十六条 保险公司及其工作人员在保险业务活动中不得有下列行为:

(一)欺骗投保人、被保险人或者受益人;

(二)对投保人隐瞒与保险合同有关的重要情况;

(三)阻碍投保人履行本法规定的如实告知义务,或者诱导其不履行本法规定的如实告知义务;

(四)给予或者承诺给予投保人、被保险人、受益人保险合同约定以外的保险费回扣或者其他利益;

(五)拒不依法履行保险合同约定的赔偿或者给付保险金义务;

(六)故意编造未曾发生的保险事故、虚构保险合同或者故意夸大已经发生的保险事故的损失程度进行虚假理赔,骗取保险金或者牟取其他不正当利益;

(七)挪用、截留、侵占保险费;

(八)委托未取得合法资格的机构或者个人从事保险销售活动;

(九)利用开展保险业务为其他机构或者个人牟取不正当利益;

(十)利用保险代理人、保险经纪人或者保险评估机构,从事以虚构保险中介业务或者编造退保等方式套取费用等违法活动;

(十一)以捏造、散布虚假事实等方式损害竞争对手的商业信誉,或者以其他不正当竞争行为扰乱保险市场秩序;

(十二)泄露在业务活动中知悉的投保人、被保险人的商业秘密;

（十三）违反法律、行政法规和国务院保险监督管理机构规定的其他行为。

第五章 保险代理人和保险经纪人

第一百一十七条 保险代理人是根据保险人的委托，向保险人收取佣金，并在保险人授权的范围内代为办理保险业务的机构或者个人。

保险代理机构包括专门从事保险代理业务的保险专业代理机构和兼营保险代理业务的保险兼业代理机构。

第一百一十八条 保险经纪人是基于投保人的利益，为投保人与保险人订立保险合同提供中介服务，并依法收取佣金的机构。

第一百一十九条 保险代理机构、保险经纪人应当具备国务院保险监督管理机构规定的条件，取得保险监督管理机构颁发的经营保险代理业务许可证、保险经纪业务许可证。

保险专业代理机构、保险经纪人凭保险监督管理机构颁发的许可证向工商行政管理机关办理登记，领取营业执照。

保险兼业代理机构凭保险监督管理机构颁发的许可证，向工商行政管理机关办理变更登记。

第一百二十条 以公司形式设立保险专业代理机构、保险经纪人，其注册资本最低限额适用《中华人民共和国公司法》的规定。

国务院保险监督管理机构根据保险专业代理机构、保险经纪人的业务范围和经营规模，可以调整其注册资本的最低限额，但不得低于《中华人民共和国公司法》规定的限额。

保险专业代理机构、保险经纪人的注册资本或者出资额必须为实缴货币资本。

第一百二十一条 保险专业代理机构、保险经纪人的高级管理人员，应当品行良好，熟悉保险法律、行政法规，具有履行职责所需的经营管理能力，并在任职前取得保险监督管理机构核准的任职资格。

第一百二十二条 个人保险代理人、保险代理机构的代理从业人员、保险经纪人的经纪从业人员，应当具备国务院保险监督管理机构规定的资格条件,取得保险监督管理机构颁发的资格证书。

第一百二十三条 保险代理机构、保险经纪人应当有自己的经营场所,设立专门账簿记载保险代理业务、经纪业务的收支情况。

第一百二十四条 保险代理机构、保险经纪人应当按照国务院保险监督管理机构的规定缴存保证金或者投保职业责任保险。未经保险监督管理机构批准,保险代理机构、保险经纪人不得动用保证金。

第一百二十五条 个人保险代理人在代为办理人寿保险业务时,不得同时接受两个以上保险人的委托。

第一百二十六条 保险人委托保险代理人代为办理保险业务,应当与保险代理人签订委托代理协议,依法约定双方的权利和义务。

第一百二十七条 保险代理人根据保险人的授权代为办理保险业务的行为,由保险人承担责任。

保险代理人没有代理权、超越代理权或者代理权终止后以保险人名义订立合同,使投保人有理由相信其有代理权的,该代理行为有效。保险人可以依法追究越权的保险代理人的责任。

第一百二十八条 保险经纪人因过错给投保人、被保险人造成损失的,依法承担赔偿责任。

第一百二十九条 保险活动当事人可以委托保险公估机构等依法设立的独立评估机构或者具有相关专业知识的人员,对保险事故进行评估和鉴定。

接受委托对保险事故进行评估和鉴定的机构和人员,应当依法、独立、客观、公正地进行评估和鉴定,任何单位和个人不得干涉。

前款规定的机构和人员,因故意或者过失给保险人或者被保险人造成损失的,依法承担赔偿责任。

第一百三十条 保险佣金只限于向具有合法资格的保险代理人、保险经纪人支付,不得向其他人支付。

第一百三十一条 保险代理人、保险经纪人及其从业人员在办理保险业务活动中不得有下列行为:

(一)欺骗保险人、投保人、被保险人或者受益人;

(二)隐瞒与保险合同有关的重要情况;

（三）阻碍投保人履行本法规定的如实告知义务，或者诱导其不履行本法规定的如实告知义务；

（四）给予或者承诺给予投保人、被保险人或者受益人保险合同约定以外的利益；

（五）利用行政权力、职务或者职业便利以及其他不正当手段强迫、引诱或者限制投保人订立保险合同；

（六）伪造、擅自变更保险合同，或者为保险合同当事人提供虚假证明材料；

（七）挪用、截留、侵占保险费或者保险金；

（八）利用业务便利为其他机构或者个人牟取不正当利益；

（九）串通投保人、被保险人或者受益人，骗取保险金；

（十）泄露在业务活动中知悉的保险人、投保人、被保险人的商业秘密。

第一百三十二条　保险专业代理机构、保险经纪人分立、合并、变更组织形式、设立分支机构或者解散的，应当经保险监督管理机构批准。

第一百三十三条　本法第八十六条第一款、第一百一十三条的规定，适用于保险代理机构和保险经纪人。

第六章　保险业监督管理

第一百三十四条　保险监督管理机构依照本法和国务院规定的职责，遵循依法、公开、公正的原则，对保险业实施监督管理，维护保险市场秩序，保护投保人、被保险人和受益人的合法权益。

第一百三十五条　国务院保险监督管理机构依照法律、行政法规制定并发布有关保险业监督管理的规章。

第一百三十六条　关系社会公众利益的保险险种、依法实行强制保险的险种和新开发的人寿保险险种等的保险条款和保险费率，应当报国务院保险监督管理机构批准。国务院保险监督管理机构审批时，应当遵循保护社会公众利益和防止不正当竞争的原则。其他保险险种的保险条款和保险费率，应当报保险监督管理机构备案。

保险条款和保险费率审批、备案的具体办法,由国务院保险监督管理机构依照前款规定制定。

第一百三十七条 保险公司使用的保险条款和保险费率违反法律、行政法规或者国务院保险监督管理机构的有关规定的,由保险监督管理机构责令停止使用,限期修改;情节严重的,可以在一定期限内禁止申报新的保险条款和保险费率。

第一百三十八条 国务院保险监督管理机构应当建立健全保险公司偿付能力监管体系,对保险公司的偿付能力实施监控。

第一百三十九条 对偿付能力不足的保险公司,国务院保险监督管理机构应当将其列为重点监管对象,并可以根据具体情况采取下列措施:

(一)责令增加资本金、办理再保险;

(二)限制业务范围;

(三)限制向股东分红;

(四)限制固定资产购置或者经营费用规模;

(五)限制资金运用的形式、比例;

(六)限制增设分支机构;

(七)责令拍卖不良资产、转让保险业务;

(八)限制董事、监事、高级管理人员的薪酬水平;

(九)限制商业性广告;

(十)责令停止接受新业务。

第一百四十条 保险公司未依照本法规定提取或者结转各项责任准备金,或者未依照本法规定办理再保险,或者严重违反本法关于资金运用的规定的,由保险监督管理机构责令限期改正,并可以责令调整负责人及有关管理人员。

第一百四十一条 保险监督管理机构依照本法第一百四十条的规定作出限期改正的决定后,保险公司逾期未改正的,国务院保险监督管理机构可以决定选派保险专业人员和指定该保险公司的有关人员组成整顿组,对公司进行整顿。

整顿决定应当载明被整顿公司的名称、整顿理由、整顿组成员和整顿期限,并予以公告。

第一百四十二条 整顿组有权监督被整顿保险公司的日常业务。被整顿公司的负责人及有关管理人员应当在整顿组的监督下行使职权。

第一百四十三条 整顿过程中,被整顿保险公司的原有业务继续进行。但是,国务院保险监督管理机构可以责令被整顿公司停止部分原有业务、停止接受新业务,调整资金运用。

第一百四十四条 被整顿保险公司经整顿已纠正其违反本法规定的行为,恢复正常经营状况的,由整顿组提出报告,经国务院保险监督管理机构批准,结束整顿,并由国务院保险监督管理机构予以公告。

第一百四十五条 保险公司有下列情形之一的,国务院保险监督管理机构可以对其实行接管:

(一)公司的偿付能力严重不足的;

(二)违反本法规定,损害社会公共利益,可能严重危及或者已经严重危及公司的偿付能力的。

被接管的保险公司的债权债务关系不因接管而变化。

第一百四十六条 接管组的组成和接管的实施办法,由国务院保险监督管理机构决定,并予以公告。

第一百四十七条 接管期限届满,国务院保险监督管理机构可以决定延长接管期限,但接管期限最长不得超过二年。

第一百四十八条 接管期限届满,被接管的保险公司已恢复正常经营能力的,由国务院保险监督管理机构决定终止接管,并予以公告。

第一百四十九条 被整顿、被接管的保险公司有《中华人民共和国企业破产法》第二条规定情形的,国务院保险监督管理机构可以依法向人民法院申请对该保险公司进行重整或者破产清算。

第一百五十条 保险公司因违法经营被依法吊销经营保险业务许可证的,或者偿付能力低于国务院保险监督管理机构规定标准,不予撤销将严重危害保险市场秩序、损害公共利益的,由国务院保险监督管理机构予以撤销并公告,依法及时组织清算组进行清算。

第一百五十一条 国务院保险监督管理机构有权要求保险公司股东、实际控制人在指定的期限内提供有关信息和资料。

第一百五十二条 保险公司的股东利用关联交易严重损害公司利益,危及公司偿付能力的,由国务院保险监督管理机构责令改正。在按照要求改正前,国务院保险监督管理机构可以限制其股东权利;拒不改正的,可以责令其转让所持的保险公司股权。

第一百五十三条 保险监督管理机构根据履行监督管理职责的需要,可以与保险公司董事、监事和高级管理人员进行监督管理谈话,要求其就公司的业务活动和风险管理的重大事项作出说明。

第一百五十四条 保险公司在整顿、接管、撤销清算期间,或者出现重大风险时,国务院保险监督管理机构可以对该公司直接负责的董事、监事、高级管理人员和其他直接责任人员采取以下措施:

(一)通知出境管理机关依法阻止其出境;

(二)申请司法机关禁止其转移、转让或者以其他方式处分财产,或者在财产上设定其他权利。

第一百五十五条 保险监督管理机构依法履行职责,可以采取下列措施:

(一)对保险公司、保险代理人、保险经纪人、保险资产管理公司、外国保险机构的代表机构进行现场检查;

(二)进入涉嫌违法行为发生场所调查取证;

(三)询问当事人及与被调查事件有关的单位和个人,要求其对与被调查事件有关的事项作出说明;

(四)查阅、复制与被调查事件有关的财产权登记等资料;

(五)查阅、复制保险公司、保险代理人、保险经纪人、保险资产管理公司、外国保险机构的代表机构以及与被调查事件有关的单位和个人的财务会计资料及其他相关文件和资料;对可能被转移、隐匿或者毁损的文件和资料予以封存;

(六)查询涉嫌违法经营的保险公司、保险代理人、保险经纪人、保险资产管理公司、外国保险机构的代表机构以及与涉嫌违法事项有关的单位和个人的银行账户;

(七)对有证据证明已经或者可能转移、隐匿违法资金等涉案财产或者隐匿、伪造、毁损重要证据的,经保险监督管理机构主要负责人批准,申请人民法院予以冻结或者查封。

保险监督管理机构采取前款第(一)项、第(二)项、第(五)项措施的,应当经保险监督管理机构负责人批准;采取第(六)项措施的,应当经国务院保险监督管理机构负责人批准。

保险监督管理机构依法进行监督检查或者调查,其监督检查、调查的人员不得少于二人,并应当出示合法证件和监督检查、调查通知书;监督检查、调查的人员少于二人或者未出示合法证件和监督检查、调查通知书的,被检查、调查的单位和个人有权拒绝。

第一百五十六条 保险监督管理机构依法履行职责,被检查、调查的单位和个人应当配合。

第一百五十七条 保险监督管理机构工作人员应当忠于职守,依法办事,公正廉洁,不得利用职务便利牟取不正当利益,不得泄露所知悉的有关单位和个人的商业秘密。

第一百五十八条 国务院保险监督管理机构应当与中国人民银行、国务院其他金融监督管理机构建立监督管理信息共享机制。

保险监督管理机构依法履行职责,进行监督检查、调查时,有关部门应当予以配合。

第七章 法律责任

第一百五十九条 违反本法规定,擅自设立保险公司、保险资产管理公司或者非法经营商业保险业务的,由保险监督管理机构予以取缔,没收违法所得,并处违法所得一倍以上五倍以下的罚款;没有违法所得或者违法所得不足二十万元的,处二十万元以上一百万元以下的罚款。

第一百六十条 违反本法规定,擅自设立保险专业代理机构、保险经纪人,或者未取得经营保险代理业务许可证、保险经纪业务许可证从事保险代理业务、保险经纪业务的,由保险监督管理机构予以取缔,没收违法所得,并处违法所得一倍以上五倍以下的罚款;没有违法所得或者违法所得不足五万元的,处五万元以上三十万元以下的罚款。

第一百六十一条 保险公司违反本法规定,超出批准的业务范围经营的,由保险监督管理机构责令限期改正,没收违法所得,并处违法所得一倍以上五倍以下的罚款;没有违法所得或者违法所得不足十万元的,处十万元以上五十万元以下的罚款。逾期不改正或者造成严重后果的,责令停业整顿或者吊销业务许可证。

第一百六十二条 保险公司有本法第一百一十六条规定行为之一的,由保险监督管理机构责令改正,处五万元以上三十万元以下的罚款;情节严重的,限制其业务范围、责令停止接受新业务或者吊销业务许可证。

第一百六十三条 保险公司违反本法第八十四条规定的,由保险监督管理机构责令改正,处一万元以上十万元以下的罚款。

第一百六十四条 保险公司违反本法规定,有下列行为之一的,由保险监督管理机构责令改正,处五万元以上三十万元以下的罚款:

(一)超额承保,情节严重的;

(二)为无民事行为能力人承保以死亡为给付保险金条件的保险的。

第一百六十五条 违反本法规定,有下列行为之一的,由保险监督管理机构责令改正,处五万元以上三十万元以下的罚款;情节严重的,可以限制其业务范围、责令停止接受新业务或者吊销业务许可证:

(一)未按照规定提存保证金或者违反规定动用保证金的;

(二)未按照规定提取或者结转各项责任准备金的;

(三)未按照规定缴纳保险保障基金或者提取公积金的;

(四)未按照规定办理再保险的;

(五)未按照规定运用保险公司资金的;

(六)未经批准设立分支机构或者代表机构的;

(七)未按照规定申请批准保险条款、保险费率的。

第一百六十六条 保险代理机构、保险经纪人有本法第一百三十一条规定行为之一的,由保险监督管理机构责令改正,处五万元以上三十万元以下的罚款;情节严重的,吊销业务许可证。

第一百六十七条 保险代理机构、保险经纪人违反本法规定,有下列行为之一的,由保险监督管理机构责令改正,处二万元以上十万元以下的罚款;情节严重的,责令停业整顿或者吊销业务许可证:

(一)未按照规定缴存保证金或者投保职业责任保险的;

(二)未按照规定设立专门账簿记载业务收支情况的。

第一百六十八条 保险专业代理机构、保险经纪人违反本法规定,未经批准设立分支机构或者变更组织形式的,由保险监督管理机构责令改正,处一万元以上五万元以下的罚款。

第一百六十九条 违反本法规定,聘任不具有任职资格、从业资格的人员的,由保险监督管理机构责令改正,处二万元以上十万元以下的罚款。

第一百七十条 违反本法规定,转让、出租、出借业务许可证的,由保险监督管理机构处一万元以上十万元以下的罚款;情节严重的,责令停业整顿或者吊销业务许可证。

第一百七十一条 违反本法规定,有下列行为之一的,由保险监督管理机构责令限期改正;逾期不改正的,处一万元以上十万元以下的罚款:

(一)未按照规定报送或者保管报告、报表、文件、资料的,或者未按照规定提供有关信息、资料的;

(二)未按照规定报送保险条款、保险费率备案的;

(三)未按照规定披露信息的。

第一百七十二条 违反本法规定,有下列行为之一的,由保险监督管理机构责令改正,处十万元以上五十万元以下的罚款;情节严重的,可以限制其业务范围、责令停止接受新业务或者吊销业务许可证:

(一)编制或者提供虚假的报告、报表、文件、资料的;

(二)拒绝或者妨碍依法监督检查的;

(三)未按照规定使用经批准或者备案的保险条款、保险费率的。

第一百七十三条 保险公司、保险资产管理公司、保险专业代理机构、保险经纪人违反本法规定的,保险监督管理机构除分别依照本法第一百六十一条至第一百七十二条的规定对该单位给予处罚外,对其直接负责的主管人员和其他直接责任人员给予警告,并处一万元以上十万元以下的罚款;情节严重的,撤销任职资格或者从业资格。

第一百七十四条 个人保险代理人违反本法规定的，由保险监督管理机构给予警告，可以并处二万元以下的罚款；情节严重的，处二万元以上十万元以下的罚款，并可以吊销其资格证书。

未取得合法资格的人员从事个人保险代理活动的，由保险监督管理机构给予警告，可以并处二万元以下的罚款；情节严重的，处二万元以上十万元以下的罚款。

第一百七十五条 外国保险机构未经国务院保险监督管理机构批准，擅自在中华人民共和国境内设立代表机构的，由国务院保险监督管理机构予以取缔，处五万元以上三十万元以下的罚款。

外国保险机构在中华人民共和国境内设立的代表机构从事保险经营活动的，由保险监督管理机构责令改正，没收违法所得，并处违法所得一倍以上五倍以下的罚款；没有违法所得或者违法所得不足二十万元的，处二十万元以上一百万元以下的罚款；对其首席代表可以责令撤换；情节严重的，撤销其代表机构。

第一百七十六条 投保人、被保险人或者受益人有下列行为之一，进行保险诈骗活动，尚不构成犯罪的，依法给予行政处罚：

（一）投保人故意虚构保险标的，骗取保险金的；

（二）编造未曾发生的保险事故，或者编造虚假的事故原因或者夸大损失程度，骗取保险金的；

（三）故意造成保险事故，骗取保险金的。

保险事故的鉴定人、评估人、证明人故意提供虚假的证明文件，为投保人、被保险人或者受益人进行保险诈骗提供条件的，依照前款规定给予处罚。

第一百七十七条 违反本法规定，给他人造成损害的，依法承担民事责任。

第一百七十八条 拒绝、阻碍保险监督管理机构及其工作人员依法行使监督检查、调查职权，未使用暴力、威胁方法的，依法给予治安管理处罚。

第一百七十九条 违反法律、行政法规的规定，情节严重的，国务院保险监督管理机构可以禁止有关责任人员一定期限直至终身进入保险业。

第一百八十条 保险监督管理机构从事监督管理工作的人员有下列情形之一的,依法给予处分:

(一)违反规定批准机构的设立的;

(二)违反规定进行保险条款、保险费率审批的;

(三)违反规定进行现场检查的;

(四)违反规定查询账户或者冻结资金的;

(五)泄露其知悉的有关单位和个人的商业秘密的;

(六)违反规定实施行政处罚的;

(七)滥用职权、玩忽职守的其他行为。

第一百八十一条 违反本法规定,构成犯罪的,依法追究刑事责任。

第八章 附 则

一百八十二条 保险公司应当加入保险行业协会。保险代理人、保险经纪人、保险公估机构可以加入保险行业协会。

保险行业协会是保险业的自律性组织,是社会团体法人。

第一百八十三条 保险公司以外的其他依法设立的保险组织经营的商业保险业务,适用本法。

第一百八十四条 海上保险适用《中华人民共和国海商法》的有关规定;《中华人民共和国海商法》未规定的,适用本法的有关规定。

第一百八十五条 中外合资保险公司、外资独资保险公司、外国保险公司分公司适用本法规定;法律、行政法规另有规定的,适用其规定。

第一百八十六条 国家支持发展为农业生产服务的保险事业。农业保险由法律、行政法规另行规定。

强制保险,法律、行政法规另有规定的,适用其规定。

第一百八十七条 本法自2009年10月1日起施行。